LETTRES

DE

LA MARQUISE DU CHATELET,

DU ROI DE PRUSSE

ET DE VOLTAIRE.

DE L'IMPRIMERIE DE LEFEBVRE.

Les personnes qui auraient des renseignemens à demander ou à donner à l'Éditeur-Propriétaire, sont priées de s'adresser à l'Imprimeur.

LETTRES INÉDITES

DE

Mme. LA M^ise. DU CHATELET,

ET

SUPPLÉMENT

A LA CORRESPONDANCE DE VOLTAIRE

AVEC LE ROI DE PRUSSE,

ET AVEC DIFFÉRENTES PERSONNES CÉLÈBRES.

On y a joint quelques Lettres de cet Écrivain, qui n'ont point été recueillies dans les *OEuvres complètes*, avec des Notes historiques et littéraires.

A PARIS,

CHEZ LEFEBVRE, IMPRIMEUR-LIBRAIRE,

RUE DE BOURBON, N°. 11.

1818.

AVANT-PROPOS.

Une note mise au bas d'une page de l'Éloge de *Maupertuis*, par *Formey*, imprimée dans les *Mémoires de l'Académie de Berlin*, année 1759, a donné lieu au Recueil de ces Lettres que nous publions; elle est conçue en ces termes : « *Les originaux des Lettres de M. de Voltaire, et de la Marquise du Châtelet, à M. de Maupertuis, sont déposés à la Bibliothèque du Roi de France.* » Une visite au dépôt des manuscrits de cette Bibliothèque, suffit pour être convaincu de l'exactitude de cet envoi, qui dut s'effectuer en 1758, époque de la mort de Maupertuis, chez Bernoully, en Suisse. Le zèle obligeant de MM. les

Conservateurs de ce dépôt, envers les Écrivains, et la bienveillance d'un Ministre aussi porté à protéger les lettres qu'à les enrichir par lui-même, nous eurent bientôt facilité tous les moyens de mettre au jour une Correspondance également intéressante par son sujet, et par le nom de ses Auteurs et des grands Personnages à qui elle est adressée.

Ce Recueil est composé de plusieurs Lettres, toutes originales et inédites, de Madame la Marquise du Châtelet à Maupertuis, de Lettres inédites de Voltaire au même, et à la Reine de Prusse. A celles-ci nous en avons ajouté d'autres, qui, imprimées isolément, et quelquefois dans les feuilles publiques, ou des collections presque inconnues maintenant, n'ont jamais été insérées dans aucune Édition des OEuvres complètes de

Voltaire, et se trouvent comme perdues. Nous ferons une agréable et juste exception à l'égard des Lettres de ce Philosophe au Roi de Prusse, que M. *Boissonnade* publia en 1802, qu'il a bien voulu nous autoriser à joindre à notre Collection, et dont tous les originaux sont à la Bibliothèque du Roi, dans le même carton que les Lettres de Voltaire à Maupertuis. L'érudition, les pénibles recherches et les soins minutieux que ce Savant ne dédaigna pas de consacrer à cette Édition, la firent enlever rapidement, mais sans l'éclat jusqu'alors attaché à tout ce qui sortait de la plume du plus célèbre Écrivain de l'Europe. La gloire des armées françaises attirait à cette époque tous les regards, éclipsait toutes les réputations; et les Lettres d'un Grand-Homme, quoique revêtues d'avance du sceau de l'immortalité, le cédaient momentanément à des bulletins, où chaque individu trouvait un aliment à son amour-propre. Les temps sont changés : rassasiés de gloire militaire, nous aspirons surtout à voir refleurir le sceptre de notre littérature, si brillant pendant les deux derniers siècles, et que des temps orageux avaient couvert de nuages. Tout nous porte à présumer qu'au moment où Voltaire reparaît dans le monde littéraire, accompagné d'une foule immense de nouveaux admirateurs, la réimpression de ce Supplément à sa Correspondance générale, obtiendra le même accueil que ses autres productions. Nous ne craignons point d'assurer qu'en général il présente beaucoup plus d'intérêt que les Lettres familières de ce Poëte philosophe. Pour s'en convaincre, il suffira de lire celles où ce courtisan, devenu maître, donne à son auguste Élève des leçons de grammaire et de poésie, et particulièrement celles qui manquaient à l'édition de Kehl, depuis 1750 jusqu'au milieu de mars 1753, époque de la dispute entre Maupertuis et Kœnig, et de la disgrâce de Voltaire à la Cour de Berlin.

Ces Lettres, jointes aux deux autres, qu'il écrivit en 1754 au Ministre d'*Argenson*, et dont l'original, que nous oserions dire inédit, n'ayant été publié, par nous, en 1814, que dans un ouvrage oublié, se trouvent à la Bibliothèque de Monsieur, à l'Arsenal; elles répandent le plus grand jour sur la partie de la Vie privée de Voltaire la plus obscure, et dont Condorcet lui-même paraît n'avoir pas eu connaissance.

Nous aimons à croire qu'on remarquera

dans ce Recueil, avec un plaisir mêlé de surprise, la Lettre où l'Aristarque de Ferney parle de la manière dont les auteurs, tant anciens que modernes, ont écrit l'Histoire romaine, et de l'Histoire romaine elle-même. Sa critique, un peu trop sévère peut-être, tend. au moins à diminuer cet engouement fanatique pour un peuple, dont tant d'autres peuples ont si cruellement expié l'imitation.

Rien de plus adroit, de plus délicat, de plus noble que la Lettre, jusqu'à ce moment inconnue, de Voltaire à la Reine de Prusse ; on y reconnaît l'un des courtisans les plus ingénieux, l'un des Littérateurs les plus consommés dans les éloges qu'il sait donner si à propos à la Reine, à son illustre Epoux, à la ville de Berlin. Elle est la XXXIIIe. de celles que renferme un des cartons envoyés par ordre de Maupertuis à la Bibliothèque du Roi ; comment jusqu'ici n'a-t-elle pas été mise au jour ? par la même raison sans doute qui nous a privés, jusqu'à ce moment, des Lettres de Madame la Marquise du Châtelet à Maupertuis.

Il serait juste et convenable de nous étendre sur l'intérêt qu'inspirent ces dernières, de montrer une Savante écrivant confidentiellement à un Savant, avec cette gaieté naïve et cette urbanité délicate, que donnent l'usage du monde et de l'amitié ; mais pour ne point outre-passer les bornes d'un Avant-Propos, ou plutôt pour laisser au Lecteur tout le plaisir de découvrir des détails historiques et littéraires entièrement ignorés, nous nous contenterons de dire que les Lettres d'*Émilie* sont dignes d'être placées à côté de celles de Voltaire. Si, dans celles de ce dernier, on trouve plus d'esprit, peut-être sera-t-on forcé de convenir qu'il y a plus de naturel dans celles de la Marquise.

Il ne reste maintenant qu'une difficulté à résoudre : comment les Lettres adressées par Voltaire au Roi de Prusse, et envoyées par Maupertuis à la Bibliothèque du Roi de France, furent-elles mises à la disposition de ce Savant, et jointes à celles qu'il avait reçues, tant de Voltaire que de Madame du Châtelet ? On ne peut là dessus émettre que des conjectures ; nous croyons que la suivante est la plus vraisemblable.

Dans la malheureuse affaire de Kœnig avec Maupertuis, de toutes les mains, celle dont on devait le moins craindre de voir partir quelque trait, lança le plus envenimé de tous ceux qui avaient atteint le Président de l'Académie de Berlin ;

la plaie fut profonde, et dans des circonstances qui pouvaient la rendre mortelle. Ce coup cruel ne resta pas impuni; l'*Akakia* fut brûlé à Berlin par la main du bourreau, le 24 décembre 1752. Maupertuis se mourait : « Ses yeux, dit Formey, se rouvrirent à la clarté d'une flamme qui expiait l'outrage qu'il avait reçu, ou plutôt son cœur fut ranimé, et le principe de la vie lui fut rendu par les soins magnanimes d'un Maître aussi juste que bon. La visite dont le Roi honora Maupertuis mourant, sembla le rappeler des portes du trépas. » Nous présumons que ce fut dans cette circonstance, que Frédéric lui fit remettre cette élite de Lettres presque toutes confidentielles, où dans quelques-unes Voltaire semble faire amende honorable, au sujet de sa conduite envers Maupertuis, notamment dans celle où il dit : « Je conjure votre Majesté de laisser périr un mauvais Ouvrage, qui tombera de lui-même, et d'avoir pitié de l'état affreux où Elle m'a réduit. » Le ressentiment bien fondé du Roi de Prusse envers le Philosophe, dut le rendre, à cette époque, bien plus qu'indifférent pour les Lettres qu'il en avait reçues ; et le présent qu'il en fit probablement au Président de son Académie, dut être, pour ce dernier, un motif de soulagement, dans une maladie où le moral était peut-être le plus attaqué.

Quant à l'envoi de ces Correspondances à la Bibliothèque du Roi de France, Maupertuis ne pouvait choisir un dépôt plus satisfaisant pour son amour-propre, plus utile à sa mémoire, à l'histoire du temps, et à la littérature.

Nous avons mis plusieurs dates qui manquaient dans les originaux, fait des rapprochemens entre des Lettres et des Réponses, des Réponses et des Lettres, donné des éclaircissemens devenus nécessaires ; plus d'une fois nous avons profité des Notes de M. *Boissonnade ;* le Public nous saura sans doute bon gré de cet emprunt ; il serait difficile de puiser à une meilleure source.

Gabrielle-Émilie LE TONNELIER DE BRETEUIL, fille du Baron de BRETEUIL, Introducteur des Ambassadeurs, naquit en 1706. Elle épousa, très-jeune encore, le Marquis du Châtelet-Lomont, Lieutenant-Général, et d'une famille illustre de Lorraine. Les Mémoires du temps disent que l'amour, l'amitié, l'étude et la gloire, embellirent tous les momens de la vie de cette Dame célèbre. Elle mourut en couches, à Lunéville, le 10 août 1749. Son éloge, par Voltaire, est à la tête de la traduction qu'elle a faite du *Livre des Principes de Neuton*, et qui, revue et corrigée par Clairaut, ne fut publiée qu'en 1756, 2 volumes *in-4°*.

LETTRES

DE MADAME DU CHATELET,

A M. DE MAUPERTUIS.

LETTRE I.

Versailles, lundi, en janvier 1734.

J'AI cru, Monsieur, que, pour être digne de
répondre à la lettre que vous m'avez écrite, il
fallait vous avoir lu; j'ai été très-contente de
vos deux manuscrits; j'ai passé hier toute ma
soirée à profiter de vos leçons. Je voudrais bien
m'en rendre digne. Je crains, je vous l'avoue,
de perdre la bonne opinion qu'on vous a donnée
de moi. Je sens que ce serait payer bien cher
le plaisir que j'ai d'apprendre la vérité ornée
de toutes les grâces que vous lui prêtez. J'espère
que le désir, que j'ai, de m'instruire, me tiendra
lieu de capacité, et que j'aurai l'honneur de
vous voir mercredi, au sortir de l'Académie.

1

LETTRE II.

Paris, ce jeudi, en janvier 1734, 6 h. du matin.

J'AI vu hier M. Vernique chez l'Ambassa-
drice de Venise, et je lui ai fait cent coquetteries et cent reproches; il m'a fort assuré que
c'était de votre faute s'il ne m'avait pas encore
vue chez moi. Mais ce dont je suis désolée,
c'est qu'il y est venu aujourd'hui avec son
Prince, précisément comme je montais dans
le carrosse de madame de St.-Pierre, qui me
venait prendre pour l'Opéra : ainsi, je n'en ai
point profité. J'ai à vous proposer de me l'a-
mener demain. Deux visites, si près l'une de
l'autre, seront, peut-être, contre la dignité de
son Prince ; mais, avec une dame étrangère
comme moi, il ne doit pas y regarder de si près.

J'ai mené une vie désordonnée ces jours-ci;
je me meurs : mon âme a besoin de vous voir,
autant que mon corps a besoin de repos. Venez
toujours seul ou en compagnie, vous me ferez
un plaisir extrême.

LETTRE III.

Paris, dimanche, en janvier 1734.

Mon fils est mort cette nuit ; j'en suis pro-fondément affligée ; je ne sortirai point, comme vous croyez bien. Si vous voulez venir me con-soler, vous me trouverez seule : j'ai fait dé-fendre ma porte ; mais il n'y a point de temps où je ne trouve un plaisir extrême à vous voir.

LETTRE IV.

Paris, janvier 1734.

Je ne vais point à Madrid* aujourd'hui, je reste chez moi ; voyez si vous voulez m'ap-prendre à élever un nombre infini à une puis-sance donnée.

Nous ne pouvons aller que vendredi à Creteil ; c'est madame de St.-Pierre qui cause tout ce dérangement. Venez à six heures aujourd'hui.

* Maison de plaisance au bois de Boulogne.

1 *

Billet joint à la Lettre précédente.

J'ai passé la soirée avec des binomes et des trinomes ; je ne puis plus étudier, si vous ne me donnez une tâche, et j'en ai un désir extrême.

LETTRE V.

Paris, lundi, en janvier 1734, 3 h. après minuit.

Je croirais avoir fait un crime irréparable, si je m'étais couchée sans écrire la lettre que vous désiriez. Je vous demande mille pardons de ne l'avoir pas fait plus tôt ; vous devez être persuadé combien je me trouve heureuse de pouvoir faire quelque chose qui vous soit agréable, et qui vous marque le cas extrême que je fais de votre amitié.

Vous trouverez ma lettre fort mal écrite ; cela arrive toujours lorsqu'on veut bien dire, et je vous avouerai que je n'ai jamais eu tant d'envie d'être éloquente. Ce qu'il y a de moins mal, est ce qui concerne l'homme auquel vous vous intéressez ; le reste est fort plat. Mais je trouve que rien ne réussit si mal, qu'une petite lettre de recommandation toute sèche, et qui porte avec soi un air d'indifférence qui la rend presque toujours inutile.

Je vous prie de lire cette lettre de recommandation; j'espère que vous serez content de la manière dont je parle pour votre ami; si vous ne l'êtes pas, nous la recommencerons demain.

Vous savez que je ne pars point demain, et que nous avons des affaires ensemble; nous verrons comment vous en userez. Il n'est point étonnant qu'en vous quittant, on ne soit occupé que du plaisir de vous revoir.

LETTRE VI.

A Autun, chez M. le prince de Guise, 28 avril 1734.

Vous me faites sentir, Monsieur, les peines et les inquiétudes de l'absence. Je crois toujours voir madame de Lauraguais vous faire mille coquetteries, et je crains que vous ne soyez point assez philosophe pour y résister; je vous aimerais mieux sur le chemin de Bâle; j'espérerais qu'en passant, vous viendriez me donner quelques leçons; mais, puisque vous restez à Paris, je presserai mon retour, et j'y serai, au plus tard, au commencement de juin. Je me flatte de me rendre, par la suite, moins indigne de vos leçons.

Ce n'est pas pour moi que je veux devenir géomètre, c'est par amour-propre pour vous : je sens qu'il n'est pas permis à quelqu'un qui vous a pour maître, de faire des progrès si médiocres, et je ne puis pas vous dire à quel point j'en suis honteuse.

Je suis ici dans le plus beau lieu du monde, et avec des gens fort aimables : il ne m'y manque que le plaisir de vous voir, et de vous entendre. Voltaire me prie de vous dire mille choses pour lui ; il est inquiet, et avec raison, sur le sort de ses lettres*. Il est bien flatté de ce que ses ennemis croient que vous avez eu part à celle de M. Neuton ; et, si les lettres de cachet ne s'en mêlaient pas, je crois que votre approbation lui tiendrait lieu de tout le reste.

J'espère que la première poste m'apportera de vos nouvelles : il n'y a que vos lettres qui puissent tenir lieu des grâces de votre imagination et de votre esprit.

BRETEUIL DE **CHASTELET** **.

* Lettres anglaises.

** C'est la seule Lettre signée. L'usage a prévalu d'écrire *Du Châtelet*, à l'exemple de Voltaire.

LETTRE VII.

Montjeu, 29 avril 1734.

Sɪ votre lettre ne me faisait pas trembler, elle me procurerait un plaisir extrême; j'avoue qu'elle me fait une peur prodigieuse ; elle détruit toutes les espérances que M. l'abbé du R...* m'avait données en partant. Il me semble que M. Rouillé** lui avait promis deux choses : l'une, d'adoucir, s'il était possible, et l'autre, d'avertir, en cas de danger, que je ne crois pas vraisemblable ici; cependant, le mot de *s'absenter*, qui est dans votre lettre, me paraît équivoque. Désigne-t-il un plus grand éloignement que celui où il est***? C'est sur quoi, je vous prie de m'éclairer. Il écrit aujourd'hui à M. Rouillé, au sujet de l'édition dont vous me parlez. Je lui ai montré votre lettre; il est bien touché de cette marque d'amitié de votre part. Je vous prie, Monsieur, de vouloir

---

* L'abbé du Resnel.

** M. Rouillé du Meslay, ancien conseiller au Parlement.

*** Voltaire.

bien remercier M. l'abbé du R... de ma part, et de l'engager à vouloir bien continuer ses attentions pour cette affaire.

Je cultive peu ici la géométrie; vous savez que vous ne m'avez point laissé de tâche; je n'ai assurément pas besoin de cela pour penser à vous.

LETTRE VIII.

A Montjeu, par Autun, le 6 mai 1734.

Votre amitié, Monsieur, a fait le charme de ma vie dans tous les temps les plus heureux pour moi; c'est-à-dire, dans ceux où je vous voyais souvent. Jugez combien elle m'est nécessaire dans le malheur. Je viens de perdre Voltaire; il vient enfin d'épargner une injustice à M. de Chauvelin, et bien des inquiétudes à ses amis. Il a pris le parti d'aller chercher dans les pays étrangers le repos et la considération qu'on lui refuse si injustement dans sa patrie.

Son départ m'a pénétré de douleur; je doute, quelques droits que l'amitié ait sur son cœur, qu'il se déte rmine à revenir dans un pays où on le traite si indignement. Votre estime et

votre amitié le dédommagent bien des critiques
des sots; mais rien ne peut le dédommager de
votre commerce. Je suis persuadée que vous
serez touché du sort d'un homme aussi aimable
et aussi extraordinaire. Il faut espérer, au
moins, que la haine de ses ennemis étant satisfaite, ils rendront justice à ses talens, qui,
jusqu'à présent, n'ont servi qu'à lui en attirer.

Vous perdez en lui un de vos plus grands admirateurs; il espère bien que vous adoucirez les
rigueurs de son exil, par les marques de votre
souvenir et de votre amitié. Quand il se sera
choisi un asile contre la persécution, il vous
en priera lui-même. Je ne puis me persuader
qu'il y eût rien à craindre ici pour lui : mais
peut-on outrer les précautions, lorsqu'il s'agit
de sa liberté ?

Pardonnez-moi, Monsieur, si je ne puis
vous parler aujourd'hui que de mon affliction;
mais soyez convaincu qu'elle ne m'empêche
pas de sentir le prix et les charmes de votre
commerce.

LETTRE IX.

Montjeu, 22 mai 1734.

Il y a bien long-temps que je ne vous ai écrit, Monsieur, et que je n'ai reçu de vos nouvelles; j'ai sur le cœur une perfidie que vous m'avez faite, en m'envoyant deux *Pour et Contre** sous la même enveloppe, et, moyennant cela, de me voler une lettre.

J'ai renvoyé la vôtre à Voltaire; si elle parvient jusqu'à lui, je sais qu'elle lui fera un plaisir extrême; j'ignore absolument son sort, je n'en ai point eu de nouvelles depuis son départ. J'espère qu'il aura pris son parti d'aller ou à Bâle, ou à Genève. J'en attends des nouvelles avec impatience; car je suis très en peine de sa santé. Ses affaires, suivant ce que l'on me mande, prennent un fort mauvais train : je crois, à présent, son livre dénoncé au Parlement. C'est un dessein formé de le perdre ; ses ennemis seuls sont à plaindre, puisque je prévois, avec une douleur extrême, que cela va nous en priver pour toujours. Quant à lui,

* Brochure de Maupertuis.

il retrouvera sa patrie partout; et je vous avoue que, quelque triste que cela soit, je l'aime cent fois mieux en Suisse qu'au château d'Ossonne.

Si l'on pouvait attendre quelque chose de la justice des hommes, je ne craindrais point que son livre pût lui attirer une affaire sérieuse juridiquement; mais, il est aisé de voir qu'il est jugé avant que d'être dénoncé, et que c'est l'auteur, et non le livre, qu'on veut condamner.

J'ignore comment il prendra cette nouvelle injustice; je ne crois pas qu'il soit tenté de faire aucune démarche pour revenir dans un pays où il en a tant essuyé; et je ne vois pas même ce qu'il pourrait faire pour sa défense. Il est affreux qu'on y ait mis son nom*. Cette circonstance doit bien prouver, qu'il n'a eu nulle part à l'édition.

J'ai mandé son adresse à la Condamine, et l'ai prié de vous la dire; je vous prie de lui écrire ce que vous apprendrez. Il m'a assuré que cette adresse était sûre, et que, quelque part qu'il fût, les lettres lui seraient rendues. Je vous recommande de ne la dire à personne.

Je suis persuadée qu'il profiterait des sages conseils que vous lui donneriez, s'il était à

* Édition des Lettres anglaises, faites par M. Jore, de Rouen.

portée de le faire; mais son sort me paraît se décider d'une manière triste pour ses amis, et honteuse pour ses ennemis : ils en rougiront trop tard. Adieu.

Donnez-moi de vos nouvelles, je vous en supplie. J'espère aller prendre de vos leçons vers les premiers jours de juin, et vous dire, moi-même, combien je sens le prix de votre amitié, et combien je la désire.

LETTRE X.

A Montjeu, le 7 juin 1734*.

Il me semble, Monsieur, que je pousse la honte plus loin que vous : je ne connais point l'esprit, ni les grâces de madame de Lagny, et cependant, parce que vous paraissez vous y intéresser, j'y prends une part extrême; et, si j'avais du crédit dans la Grand'Chambre, elle gagnerait son procès.

Je ne ferai point de replique à votre parodie, et ne vous parlerai point aujourd'hui de Voltaire : son affaire prend un bon train; et,

* Cette lettre fut adressée à Paris.

comme il est moins malheureux, je commence
a en être moins occupée.

Il me semble que les reproches ne vous cor-
rigent point : vous avez trouvé qu'une lettre
tous les huit jours était trop d'affaires, et j'ai
encore reçu deux *Pour et Contre* par votre dernière, et vous vous y plaignez cependant de
mon silence; je vous fais le juge d'un tel procédé. Je me prépare à vous aller dire moi-
même combien je le trouve injuste.

Je me suis remise ces jours-ci à la géométrie;
et vous me trouverez précisément comme vous
m'avez laissée, n'ayant rien appris, ni rien
oublié, ayant toujours le désir de faire des
progrès dignes de mon maître. Je vous avoue
que je n'entends rien seule à M. Guénée; et je
crois qu'il n'y a qu'avec vous que je puisse
apprendre, avec plaisir, *un A — quatre* A.
Vous semez des fleurs sur un chemin où les
autres ne font trouver que des ronces; votre
imagination sait embellir les matières les plus
sèches, sans leur ôter leur justesse et leur pré-
cision.

Je sens combien je perdrais, si je ne profitais
pas de la bonté que vous avez de vouloir bien
condescendre à ma faiblesse, et m'apprendre
des vérités si sublimes presqu'en badinant.

J'aurai toujours, par-dessus vous, l'avantage d'avoir étudié avec le plus profond, et en même-temps le plus aimable mathématicien du monde. Je ne crois pas que vous puissiez vous vanter de me le disputer; mais vous seriez bien plus aimable si vous n'étiez pas si paresseux, et si vous m'écriviez plus souvent.

LETTRE XI.

Versailles, jeudi, 1734.

Je crois que vous avez été si mécontent de votre partie de campagne, que vous n'avez pas voulu venir me dire adieu. Je ne partis mardi qu'à six heures, et vous m'enlevâtes M. Clairaut le lundi. Enfin, vous avez toute sorte de torts envers moi; vous me laissez dans le plus beau chemin du monde, et avec la plus grande envie d'apprendre.

Je vous avertis que j'arriverai samedi; si vous êtes bien aimable, vous viendrez souper avec moi : vous me devez cela au moins, pour réparer un peu vos torts. Pour M. Clairaut, je le crois retourné avec madame de Theil : il m'a manqué de parole lundi et mardi. Vous êtes bien capable de m'avoir fait quelque tracasserie avec lui : nous verrons comment il en usera à mon retour.

Je ne sais si vous serez plus content de cette lettre que des autres : elle est assez maussade; mais quand il y a quelques jours que je ne vous ai vu, je n'ai plus d'esprit.

LETTRE XII.

23 octobre 1734.

Enfin, Monsieur, vous vous êtes ressouvenu de moi : j'ai reçu une lettre de Bâle quand je n'espérais plus en recevoir ; j'en aurais pris la géométrie en aversion : ce n'aurait pas été une grande perte pour elle, mais c'eût été bien injuste de votre part.

Je suis ici dans une solitude profonde, dont je m'accommode assez bien; je partage mon temps entre les maçons et M. Coet; car je cherche le fonds des choses tout comme un autre. Vous serez peut-être étonné que ce ne soit pas à M. Guénée* que je donne la préférence; mais

---

* M. l'abbé Guénée, si connu par son urbanité, même en mordant au vif, usait apparemment de plus de réserve envers Mme. du Chatelet, et ne l'instruisait pas *en badinant,* suivant les expressions de cette célèbre écolière.

il me semble qu'il me faut ou vous, ou M. Clairaut, pour trouver des grâces à ce dernier.

A propos de M. Clairaut, pourquoi ne m'en
parlez-vous point, ou pourquoi ne m'en parle-
t-il pas lui-même? Je me remettrai à étudier
A—B pour lui écrire, si cela peut le tirer
de sa paresse; car assurémènt c'est par paresse
qu'il ne m'écrit point.

Pour le coup, *c'est toi qui l'as nommé*: je
ne vous aurai point parlé de Voltaire; mais, il
faut bien que je vous réponde : ses affaires vont
mieux à présent que sa santé; je crois que cette
dernière est la seule chose qui puisse l'empêcher d'aller à Bâle; mais la saison n'est pas
favorable pour un hypocondre. Je lui ai mandé
que je le lui conseillais, et qu'il pourrait retourner à Paris avec vous.

Je fais arranger mon héritage dans la douce
espérance d'y passer avec vous des années phi-
losophiques; mais il faut habiter la ville encore
quelque temps pour m'en mieux dégoûter; car
voilà tout ce qu'on gagne avec le monde.

On me mande de Paris, qu'il y a un Père
de la Doctrine Chrétienne qui sape et réduit en
poudre le système de M. Neuton : il ne sait
pas, cet homme-là, que vous le foudroierez de
dessus le pont du Rhin, si vous le croyez digné

de votre colère ; mais, je ne crois pas qu'il en vaille la peine.

Une galanterie de M. Rameau : il m'a fait avertir d'une répétition de *Samson*, qui s'est faite chez M. Fagon * : c'est à vous que je la dois, et ma reconnaissance est proportionnée au plaisir qu'elle m'a fait. Il y a une ouverture, des airs de violon, un troisième et un cinquième acte admirables. Si Voltaire nous est rendu cet hiver, il nous donnera un opéra et une tragédie ; il me mande qu'il a raccommodé l'opéra, et fait, de *Dalila*, une très-honnête personne, malgré ce que vous en conte la Très-Sainte. Je m'aperçois que je suis aussi bavarde qu'elle ; mais je suis assurément plus d'accord avec moi-même dans les sentimens que j'ai pour vous.

LETTRE XIII.

Paris, vendredi, veille de Noël, 1734.

J'AIMERAIS autant être encore à Cirey, et savoir que vous êtes encore à Bâle, que de vous voir si rarement que je vous vois. Je veux célébrer

* Célèbre Médecin.

la naissance d'Héloïse avec vous*; voyez, si
vous voulez venir boire ce soir à sa santé, avec
Clairaut et moi. Je vous attendrai entre huit et
neuf heures; nous irons ensemble, à la messe
de minuit, entendre des Noëls sur des orgues;
de là, je vous ramènerai chez vous; je compte
sur cela, à moins que madame de Lagny ne
s'y oppose.

LETTRE XIV.

Paris, dimanche, 2 janvier 1735.

J'aimerais autant ne pas commencer d'année
que de la commencer sans entendre parler de
vous. Je ne veux point dater de 1735 que je
ne vous aie vu; ce serait sous de trop sinistres
auspices.

M. de Richelieu m'a dit aujourd'hui que
vous aviez eu 500 francs d'augmentation, et
que, comme président, il vous avait demandé
et obtenu pour... **. J'ai oublié le terme; mais
vous le devinerez sûrement.

* Fille de Mme. la marquise du Châtelet.

** Directeur.

Je passe mes journées au chevet du lit de sa femme ; et, malgré l'envie extrême que j'ai de vous voir, ne passez point les ponts pour me venir chercher, que je ne vous mande que je serai chez moi. J'ai aujourd'hui Clairaut, fort paré et tout doré.

LETTRE XV.

Ce jeudi, 1735.

Je me suis bien doutée, Monsieur, que je ne vous reverrais plus ; je vous envoie le symbole de votre légèreté*. Vous avez voulu diminuer le regret que j'aurais ici de votre départ ; mais vous n'avez point réussi. J'espère que vous ferez un aussi bon usage de votre liberté, que le moineau qui reste dans sa cage, quoiqu'elle soit ouverte.

J'attendrai de vos nouvelles pour vous écrire. J'aime à croire que vous ne me priverez pas long-temps de ce plaisir.

* Il est à présumer que Mᵐᵉ. du Châtelet envoya à M. de Maupertuis un papillon dessiné ou gravé.

2*

LETTRE XVI.

Cirey, 3 octobre 1735.

Si je pouvais oublier qu'il ne tient qu'à vous d'être à Cirey, et que vous n'y êtes pas, je serais bien touchée de la lettre que vous m'avez écrite à Creteil. Je n'ai été que cinq jours dans mon voyage : aller, venir et séjourner. Je n'ai été que six heures à Paris. Une des consolations d'un voyage si désagréable, était l'espérance de vous voir ; elle a été cruellement trompée : s'il m'en était resté quelque espoir, je vous aurais attendu ; mais il y avait plus de huit jours que j'étais ici, quand votre lettre m'a été renvoyée. J'y avais laissé tant d'affaires, que je n'ai eu rien de plus pressé que d'y revenir.

Imaginez-vous que c'est une colonie que je fonde : j'aurais droit d'être bien mécontente de vous ; mais j'aime mieux vous aimer avec vos torts. Vous ne vous contentez pas de m'abandonner pour le pôle, vous m'enlevez Clairaut et Algarotti, sur lesquels je comptais bien plus que sur vous. D'autres pourraient penser que, puisque je vous pardonne de m'avoir enlevé M. de Maupertuis, je puis bien vous pardonner tout le reste; mais ce n'est pas moi.

Vous allez donc vous geler pour la gloire, pendant qu'elle brûle la Condamine*. Il est donc vrai qu'on y va par des chemins différens : je ne sais si vous me rendrez compte de tout ce qui vous arrivera; mais je ne puis m'empêcher de le désirer. Pourquoi êtes-vous dans la même maison que Clairaut, et ne me dites-vous rien pour lui? Adieu, Monsieur.

Nous nous enivrons de vin d'Alicante, Voltaire et moi, à votre santé. Vous m'en avez donné un muid; il est délicieux. Voltaire dit qu'il est jaloux d'Algarotti, et qu'il voudrait être le poëte du voyage, mais qu'il y fait trop froid.

Nous verrons si vous viendrez nous voir à votre retour. Je suis bien sûre que votre imagination ne se ressentira point des glaces du pôle; mais je voudrais bien en dire autant de votre amitié pour moi.

Dites cependant quelque chose pour moi à ce petit Clairaut, que j'aime malgré son indifférence.

---

* Allusion au voyage de la Condamine en Amérique.

LETTRE XVII.

A Cirey, 10 décembre 1735.

Je vous renvoie le cygne de Padoue*, contre qui je suis bien fâchée; mais il est encore bien aimable en comparaison de vous. Il faut vous aimer passionnément pour ne pas vous détester, après tous les tours que vous m'avez faits : il ne tiendra qu'à vous de réparer vos torts à votre retour du pôle. Mon goût pour la solitude ne fait que croître; c'est pourquoi je vous prie d'y venir. Je vous ai fait cent agaceries dans mes lettres à Clairaut. Adieu, Monsieur. Croyez que rien ne peut m'empêcher de m'intéresser sensiblement à tout ce qui vous arrivera. Je suis bien plus curieuse d'apprendre de vos nouvelles, que de celles de la terre. Vous êtes sûrement la personne du monde dont l'oubli m'affligerait le plus, et dont le souvenir me donne le plus d'amour-propre. Voltaire vous fait mille complimens.

* Algarotti.

LETTRE XVIII.

Paris, dans le printemps 1736.

CROYEZ-VOUS exécuter ce projet ridicule du Mont-Valérien ? je vous avouerai que je le trouve très-mauvais ; d'autant plus que je suis de très-belle humeur. Vos académiciens m'ont ennuyée à crever, l'autre jour ; mais je suis bien sûre que vous ne m'ennuierez pas. Vous êtes obligé, en conséquence, à réparer tout le mal qu'ils m'ont fait.

Sans plaisanterie, je serais très-fâchée que vous partissiez sans me voir : vous n'avez qu'à venir demain avant ou après la séance de l'Académie, ou qu'à me donner un rendez-vous, ou plutôt, qu'à ne point aller au Mont-Valérien.

LETTRE XIX.

Paris, avril 1736.

VOUS étiez bien malade hier au soir pour ne ne me point venir voir, et vous vous portez sans doute à merveille aujourd'hui, pour aller voir

M. Vernique. Si je n'avais pas cru votre torti-
colis un prétexte, j'en aurais envoyé savoir des
nouvelles ce matin.

Clairaut a rempli fidèlement votre commis-
sion; et, pour adoucir ce qu'elle avait de trop
dur, il a resté avec moi jusqu'à minuit. Vous
devriez bien me la venir confirmer vous-même.
C'est tout le moins de venir dire aux gens que
l'on ne les verra plus. La politesse l'exige, et
je vous avertis que je ne le croirai jamais sans
cela.

Dites à Clairant que, s'il veut venir demain
dîner avec moi, je ne sortirai point, et qu'il
est de son honneur que je sache si la terre est
sphérique, ou allongée vers les pôles.

Si je pouvais imaginer quelqu'autre commis-
sion, je vous en chargerais dans l'espérance que
vous viendriez demain m'en rendre compte, à
moins que L. G. * ne vous l'ait défendu. Si je
pouvais jamais devenir l'étoile polaire, je serais
bien heureuse. Je crois qu'en attendant je de-
viens folle.

* Mme. de Lagny.

LETTRE XX.

Cirey, 18 juillet 1736.

En bien ! comment vous trouvez-vous de la compagnie des Lapons? A force d'imagination êtes-vous venu à bout de leur en donner? Pour moi, je vous assure que je m'accommoderais fort de la vôtre. Le voyage de Cirey n'aurait peut-être pas été si glorieux, mais il eût été plus agréable.

Je crois que nous verrons incessamment le marquis *Algarotti*, ce transfuge de la Laponie, qui a préféré des hommes à des étoiles. Il arrive d'Angleterre, dont il me paraît enchanté : pour moi, j'attendrai votre retour pour y aller.

J'étais décidée à vous pardonner votre silence, tous vos torts; mais on m'a rapporté de terribles nouvelles de Paris, où il est publié que vous m'avez quittée pour Mme. la duchesse de Richelieu; elle s'en vante hautement. Vous avez bien gagné; votre écolière est assurément plus capable de vous faire honneur et de profiter de vos leçons, mais elle ne pourra en avoir plus de reconnaissance que moi. On dit même que vous allez rendre ses leçons publiques, comme M. de Cambrai les thêmes de M. le duc de Bourgogne : j'ai répondu à cela, que du moins j'en profiterais. J'espère que Mme. de Richelieu se souviendra que c'est moi qui lui ai procuré votre connaissance. Je m'aperçois que cette *Quinauderie,*

Mon rival m'est trop cher pour en être jaloux*.

peut être un bon mot, mais que ce n'est pas un sentiment vrai.

Je ne sais comment la princesse Palatine s'accommoda du voyage de Descartes, en Suède, mais je crois que, s'il avait eu votre mérite, elle ne l'eût point cédé si aisément à Christine. Vous me faites bien voir la différence qu'il y a entre cette reine et moi, puisque vous avez préféré aller en Suède où elle n'est plus, à venir à Cirey où je suis, et où je vous désirais.

Vous nous faites tort à tous deux de croire que l'ennui de Cirey me fait penser à vous ; on voit bien que vous n'y êtes jamais venu, puisque vous croyez qu'on peut s'y ennuyer.

Vous avez écrit de Stockholm à Mme. de

* Vers de Quinault.

Richelieu : elle ne désire vos lettres que pour s'en vanter; moi, je vous en demande pour avoir de vos nouvelles, et pour avoir une occasion de vous dire que, malgré toutes vos rigueurs, vos coquetteries, vos légèretés, je serai toujours la personne du monde qui aura pour vous l'amitié la plus véritable.

LETTRE XXI.

A Cirey, 1ᵉʳ. octobre 1736.

Est-il possible qu'il faille encore vous écrire au pôle? je ne croyais pas qu'il pût inspirer une de ces passions que la jouissance augmente. J'ai été charmée de recevoir de vos nouvelles. On avait mis dans les gazettes, que vous couriez risque d'être mangé des mouches; j'ai été bien aise d'apprendre qu'elles vous ont respecté : il n'y a pas d'apparence qu'elles sentent ce que vous valez, autant que les Laponnes. On dit que toutes les lettres que vous écrivez à Paris, sont pleines de leurs éloges : c'est apparemment pour quelqu'une d'elles, que votre compagnon* m'a quittée. Vous pouvez me le mander sans indiscrétion.

Ce que je voudrais bien sérieusement que vous me mandassiez, c'est l'époque de votre retour. Nous employons celui de votre absence, à rendre les gens qui habitent Cirey dignes de vous; car on ne perd point l'espérance de vous y voir aujourd'hui. Nous sommes devenus tout-à-fait philosophes.

Mon compagnon de solitude a fait une introduction à la *Philosophie de M. Neuton*, qu'il m'adresse, et dont je vous envoie le frontispice. Je crois que vous trouverez les vers dignes du philosophe dont ils partent, et du poëte qui les a faits.

L'épitre en vers est sa lettre. Répondez-moi promptement, ou plutôt venez vous-même nous dire des nouvelles de la forme de la lettre. Laissez, je vous en supplie, dans les changemens que vous y ferez, Cirey comme il est, et surtout, n'oubliez jamais combien on vous aime.

* Clairaut.

LETTRE XXII.

Cirey, 11 décembre 1738.

JE me suis bien doutée que je ne vous verrais point cet automne ; je m'étais dit toutes vos raisons, tous les empêchemens qui s'opposaient à mes souhaits ; mais enfin, vous êtes débarrassé d'une partie des soins qui vous retenaient ; et, si vous aviez encore pour moi la même amitié, si vous vous souveniez de tout ce que vous mepromîtes quand je partis de Paris, je pourrais espérer de vous voir.

Tout le monde me parle de vos succès, et de la façon dont vous en avez instruit l'Académie et le public ; et je puis vous dire du milieu de mes montagnes :

Huc quoque Cæsarei pervenit fama triumphi,
Languida quo fessi vix venit aura Noti*.

Mais, quelque doux qu'il soit pour moi d'entendre tout le monde chanter vos louanges,

---

* Le bruit des triomphes de César est parvenu aux endroits mêmes où les vents fatigués font sentir à peine leur souffle languissant.

et vous rendre le tribut d'admiration que je vous ai payé depuis que je vous connais, j'avoue qu'il le serait encore davantage d'apprendre vos succès par vous-même. Vous devriez envoyer votre Mémoire à Cirey, où peut-être on en est digne ; il est dur d'attendre l'impression. M. de Voltaire, qui vous aime et vous estime plus que personne, me charge de vous en supplier. Il vous aurait envoyé les *Élémens de la philosophie de Neuton*, pour les soumettre, à ce qu'il dit, au jugement de son maître, avant de le livrer à l'impression, si vous aviez été à Paris. Il a changé les deux vers que vous aviez si justement critiqués, et il a mis à leur place :

Change de forme, ô terre ! et que ta pesanteur,
Augmentant sous le pôle, élève l'équateur. *

S'ils ne sont pas beaux, du moins ils sont plus justes.

Si on pouvait espérer de vous attirer à Cirey, on vous dirait que vous y trouveriez un assez beau cabinet de physique, des télescopes,

---

* Il y avait auparavant :

Terre, change de forme, et que la pesanteur,
Abaissant tes côtés, soulève l'équateur.

des quarts de cercle, des montagnes, du haut
desquelles on jouit d'un vaste horizon ; un
théâtre, une troupe comique et une troupe
tragique. Nous jouerions *Alzire* ou *l'Enfant
prodigue*; car on ne joue à Cirey que les pièces
qui y ont été faites ; c'est un des statuts de
la troupe.

Mais je vois bien que nous ne vous verrons
point; du moins souvenez-vous de moi sur votre
Thabor* ; souvenez-vous de l'entrée que j'y
fis; faites mes complimens au Supérieur, que
je serais charmée de retrouver; buvez à ma santé
au réfectoire; et, dans quelque lieu que vous
soyez, souvenez-vous qu'il n'y a aucun endroit
sur la terre où vous soyez plus aimé, plus
désiré qu'à Cirey.

Je ne sais si je vous ai appris que le grand abbé
du Resnel est venu me voir de son abbaye, qui
n'est qu'à quarante lieues d'ici : je l'ai trouvé
d'une société fort douce et fort aimable; il vous
dira combien nous vous avons désiré.

* Le Mont-Valérien, où M. de Maupertuis s'était
retiré pour travailler avec plus de tranquillité.

LETTRE XXIII.

A Cirey, ce 11 janvier 1738.

Je vous aurais écrit bien plus tôt, Monsieur, si je vous avais cru malheureux ; car, quelque philosophie qu'on ait, et quelque supériorité que vous vous sentiez sur ceux qui ne sont pas dignes de vous admirer, ils est dur de voir triompher l'erreur, et de ne retirer des travaux que vous avez entrepris et consommés avec tant de constance, que des contradictions. Enfin, on ne veut pas en France que M. Neuton ait raison. Il me semble pourtant que, grâces à vos soins, une partie de sa gloire rejaillisait sur votre pays. Je ne désespère pas de voir rendre un arrêt du Parlement contre sa *Philosophie*, et surtout contre vous.

Je crois que c'est à ces circonstances que l'on doit attribuer le refus que l'on fait de laisser paraître les *Élémens de la philosophie de Neuton*, en France. Nous sommes des hérétiques en philosophie. J'admire la témérité avec laquelle je dis *nous*; mais les marmitons de l'armée disent bien : *Nous avons battu les ennemis.*

Vous voilà donc Grand-homme tout-à-fait; car il ne vous manquait depuis long-temps que des ennemis, et une cabale : je vous prie de me mander si vous êtes content de M. de *Maurepas*, en particulier.

Mandez-moi donc quand je pourrai vous envoyer enlever. Venez donc vous + Clairaut + Vernique — un Prince*, car je ne les aime point.

M. de Voltaire réformera les deux vers sous vos yeux **.

LETTRE XXIV.

A Cirey, ce jeudi, 9 mai 1738.

Vous vous repentirez peut-être de m'avoir répondu, par la promptitude avec laquelle mes lettres se suivent; mais je trouve dans les vôtres

---

* En termes d'algèbre, les deux premiers signes signifient *plus*, et le troisième, *moins*.

** Ce sont les deux vers rapportés dans la lettre précédente.

3

des instructions qu'aucun autre ne peut me
donner ; et dans votre commerce, une douceur
et des grâces infinies : jugez si je vous impor-
tunerai :

Omne tulit punctum qui miscuit utile dulci.

Vous avez bien tort de croire que ce qui vous
concerne personnellement n'est pas ce que je
vous demande avec le plus d'instance : je suis
bien fâchée que vos contradictions continuent;
je me flatte qu'elles vous réussiront, comme les
tribulations aux élus : je voudrais que ce fût
ici où vous trouveriez votre paradis; et si l'estime
la plus véritable, la plus grande admiration,
l'amitié la plus sincère, et le plus vif désir de
vous plaire et de vous posséder, peuvent vous
fixer, vous ne quitterez point Cirey. Je serais
bien fière si je vous enlevais à Paris, et ce
serait bien alors qu'on devrait me porter envie.
J'espère que vous mettrez sur la porte de la
cellule, que vous choisirez ici :

Hic meta laborum.

J'ose dire que vous ne trouverez pas de coin
dans le monde, où l'on puisse jouir plus amplement du recueillement de la retraite, et des
douceurs de la société.

Voilà enfin la *Philosophie* de Voltaire qui
paraît; je vous prie de me mander de quel œil
on la regarde. Pour vous, j'espère que vous
viendrez nous en dire votre avis vous-même.
J'ose croire qu'elle vous plaira: il n'entre pas
dans des détails bien profonds; mais le titre
d'*Élémens*, et la personne à qui il parle, ne le
comportaient guère.

Il y a un trait dans le commencement, sur
les marquises imaginaires, qui ne plaira pas à
M. de *Fontenelle*, ni à M. *Algarotti*; il l'avait
ôté dans l'édition de France, je ne sais comment il s'est glissé dans celle de Hollande : je
crois qu'il ne vous déplaira pas; car je sais que
vous n'aimez pas les affiquets dont ces Messieurs surchargent la vérité.

On dit que le livre de M. Algarotti est intitulé: *le Neutonianisme à la portée des dames*;
quand je l'ai vu, son livre, il n'y plaisantait
que sur la lumière; mais je ne sais trop quelle
bonne plaisanterie il aura pu trouver sur la
raison inverse du carré des distances. Après
son titre, il n'y a peut-être rien de si ridicule
que sa dédicace à un homme, qui a toujours
voulu tourner le système de l'attraction en ridicule; je crois qu'il voulait être de l'Académie.

M. de Voltaire est très-fâché que ses libraires

3 *

de Hollande, dans l'espérance d'un plus grand débit, aient ajouté au titre de son livre : *Élémens de la Philosophie de Neuton, mis à la portée de tout le monde*; ils ont fait un carton pour cette belle équipée : cela n'était point dans les premières feuilles que M. de Voltaire rapporta de Hollande l'année dernière.

LETTRE XXV.

Cirey, lundi, 20 mai 1738.

Je reçois dans le moment, Monsieur, et votre lettre, et votre livre *. Parmi les choses que j'ai à vous dire, et des remerciemens que je vous dois, il faut que je commence par vous parler de votre voyage ici. Je vous attends, ainsi que M. du Châtelet, et malgré la longueur de mes lettres, je remets encore bien des choses à vous dire pour ce temps-là.

M. de Voltaire est plus flatté de ce que vous me mandez, et il se trouve plus glorieux que son *Essai sur le feu* ait eu votre suffrage, qu'il

---

* Sur la figure de la terre.

ne l'aurait été d'avoir le prix, quoiqu'il le dé-
sirât infiniment. Il eût au moins bien désiré
qu'on lui eût fait l'honneur de l'imprimer ; mais
M. de Réaumur a dit à quelqu'un, que M. de
Voltaire avait chargé d'avoir des nouvelles du
mémoire qui avait pour devise: *Ignis ubiquè* etc.,
que ce mémoire, quoique très-bon, ne serait
pas imprimé, et qu'il n'y aurait point d'*accessit*.
Je trouve cela assez décourageant pour les
personnes qui travaillent. Je ne sais si M. de
Réaumur soupçonnait que ce mémoire fût de
Voltaire ; mais il en a parlé avec éloge.

Je vous ai tout dit sur la *Philosophie de Neuton,* dans ma dernière ; *à la portée de tout le
monde* n'est point son titre, et la fin du livre
n'est point de lui. Il voulait y faire plusieurs
corrections, et je crois qu'il désirerait fort qu'on
lui permît d'en faire une édition correcte en
France : je ne sais s'il l'obtiendra ; car il n'est
pas aisé, maintenant, de faire imprimer en
France un bon livre.

LETTRE XXVI.

A Cirey, 28 mai 1736.

Nous sommes au désespoir en voyant le jugement de l'Académie (des Sciences); il est dur que le prix ait été partagé, et que M. de Voltaire n'ait pas eu part au gâteau. Ce M. *Fuller(sic)** qui est nommé, est un Léibnitien, et, par conséquent, un Cartésien : il est fâcheux que l'esprit de parti ait autant de crédit en France.

---

* *Léonard Euler.* Il est surprenant que Mme. du Châtelet ne connût pas encore ce jeune savant qui, à 19 ans, avait obtenu l'*accessit*, à l'Académie des Sciences de Paris, pour un mémoire *sur la Nature des vaisseaux,* ayant pour concurrent, *Bouguer,* qui remporta le prix. Pouvait-elle ignorer que ce même Euler avait déjà enrichi de plusieurs mémoires l'Académie de Pétersbourg?

On partagea le prix du concours sur la *Nature du feu,* entre *Euler,* le P. *Lozeron de Fisc,* jésuite, et le Comte de *Créqui.*

Ce ne fut point, pour le coup, la quantité qui l'emporta ; le mémoire de Voltaire avait 48 pages *in-folio,* celui de Mme. du Châtelet 84, et celui d'Euler 16 seulement.

LETTRE XXVII.

Cirey, 21 juin 1738.

Je vous ai marqué, Monsieur, combien j'étais
fâchée de vous voir aller à Saint-Malo, quand
j'espérais vous voir à Cirey. Je suis très-affligée
des douleurs que vous souffrez; je crois que du
cochléaria et du cresson vous seraient très-bons,
et sur-tout un grand régime; car cela vient sûrement du sang.

Je crois que vous avez été bien étonné que
j'aie eu la hardiesse de composer un mémoire
pour l'Académie. J'ai voulu essayer mes forces
à l'abri de l'*incognito* * : car je me flattais bien
de n'être jamais connue. M. du Châtelet était
le seul qui fût dans ma confidence, et il m'a si
bien gardé le secret, qu'il ne vous en a rien dit
à Paris. Je n'ai pu faire aucune expérience,
parce que je travaillais à l'insu de M. de Voltaire, et que je n'aurais pu le lui cacher. Je ne

---

* Cette déclaration confidentielle prouve que Mme. du
Châtelet n'avait pas besoin d'un collaborateur, encore
moins de ce qu'on nomme vulgairement un teinturier.

m'en avisai qu'un mois avant le temps, auquel il fallait que les ouvrages fussent remis ; je ne pouvais travailler que la nuit* et j'étais toute neuve dans ces matières.

L'ouvrage de M. de Voltaire, qui était presque fini avant que j'eusse commencé le mien, me fit naître des idées et m'inspira l'envie de courir la même carrière. Je me mis à travailler, sans savoir si j'enverrais mon mémoire, et je n'en parlai point à M. de Voltaire, parce que je ne voulais point rougir à ses yeux d'une entreprise qui pouvait lui déplaire : en outre, je combattais toutes ses idées dans mon ouvrage. Je ne le lui avouai que lorsque je vis par la gazette, que ni lui, ni moi, n'avaient part au prix. Il me parut qu'un refus que je partageais avec lui devenait honorable. J'ai su depuis que son ouvrage et le mien avaient été du nombre de ceux qui avaient concouru, et cela a ranimé mon courage.

M. de Voltaire, au lieu de me savoir mauvais gré de ma réserve, n'a songé qu'à me servir,

---

* Cela seul suffirait pour détruire le mensonge que divers dictionnaires historiques ont accrédité, que Mme. du Châtelet avait pour le fonds de ses ouvrages un Géomètre suisse (Koenig), et pour le style, M. de Voltaire.

et ayant été assez content du mémoire, il a bien voulu se charger d'en demander l'impression. J'ai l'espérance de l'obtenir, surtout, si vous daignez en écrire un mot à M. Dufay et à M. de Réaumur. J'espère que le mémoire de M. de Voltaire sera imprimé aussi. Je vous avoue que j'attends les ouvrages des élus avec impatience.

Les deux derniers chapitres de la *Philosophie de Neuton* ne sont pas de M. de Voltaire ; ainsi vous ne devez rien lui attribuer de ce qu'on y dit sur l'anneau de Saturne ; il n'était pas dans l'intention d'en parler ; il n'aurait pas fait la faute d'adopter le sentiment de Wolf par préférence au vôtre ; vous ne devez pas l'en soupçonner.

LETTRE XXVIII.

A Cirey, 24 octobre 1738.

Vous n'êtes pas sans doute assez injuste pour vous fâcher d'une attention, que les gens les plus riches exigent ; on n'aime point à recevoir de gros paquets par la poste ; les choses que je vous ai envoyées, ne pouvaient avoir de mérite auprès de vous que celui de la primeur. M. de

Voltaire attend avec impatience votre agrément pour faire paraître la lettre qu'il vous adresse, et moi, j'attends votre jugement sur mon petit extrait de Neuton.

M. de Réaumur me fait enrager le plus poliment du monde; il n'a pas voulu souffrir que je supprimasse une note de mon ouvrage, qui n'a rien à démêler avec le fonds, puisqu'il s'y agit de forces vives. Je dis en cette note une petite fadeur à M. de Maison, sur son mémoire des forces vives.

Je vous avoue que je suis un peu fâchée de cette sévérité, qui n'est pas celle d'un homme d'esprit; je ne veux pas cependant m'en plaindre; car je me ferais deux ennemis de deux personnes que je veux ménager : ainsi, gardez-moi le secret.

La lettre de Voltaire m'a paru sensée et bien écrite : du reste, je m'entends peu à ces matières, et la vie est si courte, si remplie de devoirs et de détails inutiles, qu'ayant une famille et une maison, je ne sors guère de mon petit plan d'étude pour lire les livres nouveaux. Je suis au désespoir de mon ignorance. Si j'étais homme, je serais au Mont-Valérien avec vous, et je planterais-là toutes les inutilités de la vie. J'aime l'étude avec plus de fureur que je n'ai aimé le monde ; mais je m'en suis avisée trop tard. Conservez-moi votre amitié; elle console mon amour-propre.

Nota. Cette lettre était adressée à Saint-Malo, où se trouvait alors M. de Maupertuis

---

LETTRE XXIX.

Cirey, décembre 1738.

JE prends mon parti très à regret sur cette note* ; mais je vois bien qu'il le faut : je m'étais dit tout ce que vous me mandez sur cela ; et je vous priais de l'effacer incognito, étant bien sûre que personne ne s'en apercevrait. Quoi qu'il en soit, je ne suis point obligée de rendre compte de mes sentimens au public ; mais si, par impossible, j'étais jamais forcée de parler des *Forces vives,* je ne me ferais nulle peine de me dédire.

* C'est une note sur les *Forces vives,* étrangère au mémoire de Mᵐᵉ. du Châtelet, concernant la *Nature du feu.* Elle pria M. de Maupertuis de l'effacer; mais il paraît qu'en sa qualité de commissaire pour les prix, il ne crut pas devoir rien ôter de ce mémoire.

Cela me guérira de parler des choses que je ne sais point, et de louer, à tort et à travers, d'autant plus que je n'espérais point le prix, je vous le jure : je sentais à merveille que la hardiesse seule de mes idées me l'interdisait, sans compter tous les autres motifs d'exclusion ; mais comme je ne suis pas au fait des choses, je croyais que l'Académie donnait des *accessit*, et j'en espérais un. Vous voyez qu'ayant été imprimée, j'ai obtenu tout ce à quoi j'aspirais. Je connais tous les défauts de mon ouvrage ; et je puis dire que, si j'en avais eu meilleure opinion, j'y en aurais moins laissé ; mais je n'espérais me tirer de la foule, et me faire lire avec quelque attention par les commissaires, que par la hardiesse et la nouveauté de mes idées, et c'est justement ce qui m'a cassé le cou.

***

LETTRE XXX.

Cirey, 28 décembre 1738.

Vous savez, Monsieur, que l'on ne croit les choses que l'on désire vivement, que lorsqu'elles sont arrivées ; voilà comme je suis au sujet de votre voyage ici. Il y a un an que je vous attends, et je me vois sur le point de quitter Cirey, sans avoir pu avoir le plaisir d'y passer quelque temps avec vous. Je vais très-certainement en Flandre au mois de mars.

Je ne sais ce que vous entendez par le vis-à-vis de la Flandre; il y en a un qui est l'Angleterre, où je crois que je désirerai d'aller toute ma vie. Il est vrai que je ne vous ai jamais parlé de la Flandre, ni de mes procès, parce qu'il n'y a que six mois que cette petite aubaine m'est advenue. Un cousin de M. du Châtelet, qui s'est retiré chez lui, et qui lui a confié toutes ses affaires, en est la cause : ce sont ce qu'on peut appeler de grandes et difficiles affaires; vous le croyez bien, puisqu'elles me font quitter Cirey. Si vous avez quelque amitié pour moi, je ne le quitterai pas encore sans vous.

M. de Voltaire s'est chargé de vous faire tenir les faibles marques de notre compassion pour les Laponnes*. Je voudrais de tout mon cœur pouvoir les mettre dans quelque couvent des environs; je contribuerais volontiers à leur pension, qui serait à meilleur marché qu'à Paris.

* M. de Maupertuis amena des lapones, lors de son voyage au pôle.

J'ai reçu de Dufay une lettre fort sage sur ses nouvelles idées concernant les couleurs; je crains qu'il ne soit obligé de les abandonner; mais je vois avec plaisir, par sa lettre, qu'il ne se fera pas tirer l'oreille, si les expériences lui manquent.

Je plains bien ce pauvre la Condamine; il eût été plus heureux, s'il se fût enrôlé sous vos drapeaux; quand vous lui écrirez, je vous prie de lui dire mille choses pour moi. Il a dû recevoir par Dufay, de très-gros paquets de Cirey, pleins de vers et de prose.

Il y a un an ou deux que je vous attends, Monsieur, comme la seule personne qui puisse augmenter la douceur et les charmes de ma solitude, et me consoler de la quitter; car je me flatte que, quand je vous tiendrai une fois, je ne vous lâcherai pas sitôt.

LETTRE XXXI.

A Paris, fin d'août 1739.

Vous êtes arrivé, et je ne le sais point par vous: cela est un mal; si j'avais su vous trouver, je vous aurais été enlever. J'ai vu Clairaut ce matin; il dit que vous repartez, et vous croyez bien que j'en suis désolée; mais je veux absolument vous voir ces deux jours-ci. Venez à l'Opéra, dans la petite loge de madame de Richelieu; je vous y verrai, et nous nous arrangerons pour la suite : je veux vous voir toute une journée ; et si vous ne le voulez pas, vous êtes un ingrat. Koenig me tourmente pour qu'il vous voie* ; mais comment faire ?

LETTRE XXXII.

Paris, dimanche à dix heures, 1739.

MADAME de Richelieu est malade, et désire beaucoup de vous voir. Avez-vous eu la bonté d'écrire à M. Bernoully** ? Cela me devient plus

* Il est à présumer qu'il y avait déjà de la froideur entre Maupertuis et Koenig, et c'est vraisemblablement de cette époque que date la rancune du Suisse, qui finit par éclater d'une manière si violente.

** Mme. du Châtelet ayant perdu Maupertuis, et sur le point de perdre Koenig, fit demander, par le premier, Jean Bernoully, qui vint lui donner des leçons.

nécessaire que jamais; car je désespère de garder Koenig : je serais très-aise pourtant que vous lui parlassiez; il n'y a pas d'autre moyen que d'aller chez lui; il n'en sort point; il demeure chez sa mère : vous devriez faire toutes ces bonnes œuvres aujourd'hui.

LETTRE XXXIII.

A Cirey, ce 20 décembre 1739*.

RIEN ne peut consoler de votre absence, Monsieur, que le plaisir de vous écrire; mandez-moi des nouvelles de votre voyage **, et surtout parlez-moi de votre retour : je ne puis croire que vous trompiez sur cela mes espérances; et si vous ne me tenez pas parole, je me reprocherai toute ma vie de vous avoir laissé partir.

* Il est probable qu'il y a erreur dans cette date : Mme. du Châtelet était en route le 18 décembre 1739, pour Bruxelles; cette lettre est apparemment du 20 janvier 1740.

** Pour Saint-Malo.

Vous m'avez donné un plaisir extrême de m'appliquer à la géométrie et au calcul; si vous pouviez déterminer un des MM. *Bernoully* à porter la lumière dans les ténèbres, j'espère qu'il serait content de la docilité, de l'application et de la reconnaissance de son écolière.

Je ne puis répondre que de cela; je sens avec douleur que je me donne autant de peine que si j'apprenais le calcul, et que je n'avance point, parce que je manque de guide.

Je vous supplie de ne point dire à tout le monde combien je suis ignorante, et de me ménager un peu plus que madame de la Popelinière; je n'ai point extrait Rameau, et je me flatte d'avoir des droits sur votre cœur et sur votre amitié, qu'elle n'a pas.

Encore un petit mot : vous me dites dans une lettre, en parlant du ressort, *que toutes les explications physiques en sont si mauvaises, que vous aimeriez autant croire que, lorsque deux corps se rencontrent, et tendent ensuite à s'éloigner avec la même vitesse qu'ils s'approchaient, que c'est qu'ils sont soumis à la loi générale de la jouissance;* je suppose que *jouissance* est là pour un autre mot, que je n'ai pu suppléer, et que je vous prie de me mander.

Il n'est question à Cirey que des regrets que

votre apparition a causés ; je suis le secrétaire de tout le château pour vous les marquer. M. de Voltaire veut que je le nomme, et que je vous dise que personne ne vous admire et ne vous aime plus que lui ; mais je connais quelqu'un qui le lui dispute.

LETTRE XXXIV.

Bruxelles, 2 mai 1741 : adressée à Vienne.

Si vous aviez été témoin, Monsieur, de tout ce que j'ai éprouvé depuis six jours, vous rendriez à mon amitié la justice que vous lui devez, et vous me rendriez toute la vôtre. Je vous ai pleuré comme mort ; et c'est avec une joie, que l'on peut mieux sentir qu'exprimer, que j'apprends que vous êtes à Vienne, sauvé de tous les dangers de la bataille, et de ceux que la dévotion, avec laquelle on dit que les paysans Silésiens canardent les officiers Prussiens, vous a fait courir. Je suis persuadée que vous trouverez à Vienne l'estime et les empressemens que votre mérite et votre réputation ne peuvent manquer de vous attirer partout ; vous y verrez une Reine qui est l'honneur de ses peuples*; et que tous ceux qui l'approchent, adorent.

Pour moi, je suis persuadée que vous ferez la paix; vous trouverez à la cour une de mes cousines que j'aime infiniment, et qui sera bien aise d'avoir l'honneur de vous voir. J'espère qu'elle vous rappellera mon souvenir; donnez-moi, je vous en supplie, de vos nouvelles, et comptez à jamais sur une amitié que rien n'a pu éteindre, et qui durera autant que ma vie.

LETTRE XXXV.

A Bruxelles, 29 mai 1741.

Quelque intéressante que soit pour moi, Monsieur, ma dispute avec M. de Mairan, les nouvelles de ce qui vous touche m'intéressent bien davantage; mais, comme la curiosité n'a nulle part à cet intérêt, mon amitié est contente de vous savoir à Berlin en bonne santé. Cette lettre-ci vous prouvera combien vous m'avez causé d'inquiétude et de joie. Je suis charmée

---

* Marie-Thérèse.

4*

que vous preniez le parti de revenir en France.
La guerre de Silésie fera des arts de la-Prusse,
des enfans morts-nés; le Roi n'étant point à
Berlin, tout y doit être fort triste, et Paris
devient tous les jours plus digne de vous posséder. Vous voyez que je suis bonne citoyenne;
car je n'espère point profiter sitôt du séjour que
vous ferez.

Je commence à me repentir d'avoir entrepris
cette besogne-ci; mais je suis incapable de l'a-
bandonner : une apparition de votre façon serait
bien capable de me rendre le courage; vous me
la faites espérer; et je me flatte que vous ne
tromperez pas une attente si agréable, et qui
m'est si nécessaire.

Je suis faite pour vous ruiner; mais je ne
puis me refuser au plaisir que je sens de vous
envoyer ma réponse à M. de Mairan; la sienne
a si mal réussi, qu'elle a fait les trois quarts
du succès de la mienne : tout ce que je puis
désirer, c'est qu'elle m'ait fait autant d'honneur,
qu'elle a fait de tort au secrétaire*. On a cru
l'Académie intéressée dans sa défaite, et on
n'a pas jugé à propos de lui laisser continuer

---

* M. de Mairan était secrétaire de l'Académie des
Sciences.

la dispute; il m'avait tracé un chemin si facile,
que je crois avoir beaucoup perdu à son silence.
Je suis honteuse d'avoir mêlé des plaisanteries
dans une affaire si sérieuse; ce n'est assurément ni mon caractère, ni mon style; mais il
fallait répondre à des injures, sans en dire, sans
se fâcher, et cela n'était pas aisé; d'ailleurs,
il fallait se faire lire des gens du monde, et cela
était encore plus difficile. Quant au fond de
la question, il ne pouvait guère y gagner, si
la dispute eût continué.

On m'a mandé que M. Mairan était au désespoir; il n'avait pas douté que sa lettre ne
m'atterrât; et il avait tellement tâché de le
persuader, qu'on me complimentait déjà sur
l'honneur que j'avais d'être vaincue par un tel
adversaire.

Mais je rougis de vous parler si longuement
de cette dispute, quand je puis vous entretenir
de l'impatience avec laquelle j'attends le livre
dont vous me parlez; je suis bien sûre d'y
trouver mon instruction et mon plaisir; et si je
juge des autres par moi, je suis convaincue que
tout le monde en sera content. Pour moi,
Monsieur, il ne me manquera rien pour l'être
complètement, que de pouvoir compter, comme
autrefois, sur votre amitié : ce qui est très-

certain, c'est que rien n'altérera plus la mienne pour vous ; voyez ce que vous en feriez, si vous ne preniez pas tout de bon le parti de m'aimer. *Vale.*

M. de Voltaire vous a écrit hier.

LETTRE XXXVI.

Bruxelles, le 26 juin 1741*.

JE veux que vous trouviez à votre arrivée à Paris, Monsieur, les regrets que j'ai de ne vous avoir pas vu, et les reproches que je vous dois d'avoir trompé l'espérance que vous m'en aviez donnée ; je suis d'autant plus affligée que vous ayez pris cette maudite route de Deux-Ponts, que je suis dans l'impossibilité d'aller à Paris cette année, et que me voilà, par conséquent, bien éloignée du plaisir de vous voir. Si vous retournez en Prusse, vous ne retrouverez plus Bruxelles sur votre chemin ; ainsi nous ne nous verrons pas sitôt, ce dont je suis bien affligée,

---

* Au retour de M. de Maupertuis de Berlin, après la bataille de Molwitz.

car j'ai plus besoin de vous voir à présent, pouvant me flatter que vous m'avez rendu votre amitié tout-à-fait. J'ai bien prié Mᵐᵉ. d'Aiguillon de vous dire le désir que j'ai de la revoir, quoique à dire vrai, j'aimerais mieux n'en devoir le retour qu'à vous-même, et à la justice que j'espère que vous rendrez à mes sentimens pour vous.

J'imagine que vous avez enfin les *Institutions physiques*, et j'ai une envie de savoir ce que vous en pensez, que j'ai bien de la peine à modérer, quoique je sente bien que vous n'aurez de long-temps le loisir de les lire. Cependant, il me serait bien essentiel de savoir bientôt comment vous les trouverez; on les imprime en Hollande; j'ai déjà fait bien des corrections, et je ferai toutes celles que vous jugerez à propos. J'espère que vous serez content du morceau sur la figure de la terre, et du chapitre des *Forces vives;* je désire que vous le soyez de l'exposition du système de M. de Léibnitz; et, pour l'attraction, vous m'avez paru à Cirey si modéré dans vos sentimens sur cela, que je ne crains point que vous me sachiez mauvais gré d'avoir quelque répugnance à l'admettre comme cause des phénomènes, et à en faire une propriété de la matière.

Vous ne doutez pas du désir que j'ai de voir l'ouvrage dont vous me parlez dans votre dernière lettre de Berlin : je me souviens aussi que vous m'annonçâtes une certaine *Métaphysique* que vous avez retouchée ; enfin, vous devez croire que j'aime trop amicalement pour n'être pas infiniment curieuse de tout ce qui vient de vous.

Ma réponse à M. de Mairan* aura galopé toute l'Allemagne après vous ; je vous l'envoyai à Berlin quand vous y fûtes retourné ; vous l'avez vue, et vous en êtes un peu content. Je crois que vous avez senti, à la lecture de la sienne, que je devais être piquée, surtout après l'histoire de Koenig**, et je prétends que j'ai été bien sage dans ma réponse, et que je m'en suis bien *refusé*. Il ne réplique pas, et, si vous en parlez à Mme. d'Aiguillon, elle vous dira pourquoi je lui ai des obligations infinies dans cette affaire, et je lui dois le succès qu'a eu ma réponse ; car elle a été fort bien reçue. Cependant le mémoire de Mairan est encore loué dans les journaux ; je ne sais pourtant pas ce que l'on peut dire de pis d'un ouvrage, si je ne l'ai pas

---

* Voyez le *Journal de Trévoux*, août 1741.

** Ce Koenig avait eu déjà un démêlé dont le motif est inconnu, avec M. le Mis. du Châtelet.

dit du sien; et je me flatte, de plus, de l'avoir prouvé. C'est une étrange aventure pour le coup d'essai d'un secrétaire; car le style de sa lettre est peut-être encore ce qu'il y a de plus mauvais.

J'ai vu dans les gazettes que M. Euler était à Berlin, et qu'il entrait au service du roi de Prusse; c'est apparemment que vous lui aurez fait obtenir une place dans l'Académie future; mais votre départ ne dérangera-t-il point ces arrangemens? Je vous fais toutes ces questions, premièrement, parce que je m'intéresse à lui comme à un homme de mérite; secondement, parce que je voudrais lui faire tenir les *Institutions* et ma lettre à Mairan. J'imagine que, s'il est à Berlin, vous pourrez me faire ce plaisir, et je manderai qu'on porte le paquet chez vous, si vous voulez vous en charger.

Avez-vous lu une brochure qui a paru le même jour que la lettre de Mairan? ce sont ses troupes auxiliaires; c'est d'un abbé *Deidier;* le livre est moitié contre M. de *Bernoully*, et moitié contre moi. Il n'y a qu'un Deidier qui puisse faire un tel assemblage, et je crois que M. de Bernoully en sera un peu choqué: car, comme vous voyez, je me fais justice; c'est une pièce curieuse que cette brochure.

On dit que votre estampe est gravée*, j'ai grande envie de la voir; mais je ne veux pas la tenir d'un autre que de vous; si vous voulez me faire cette galanterie, le bailli de Froulay pourra me l'apporter; il vient ici le mois prochain.

M. de Voltaire est fort fâché que vous ne disiez rien pour lui dans vos lettres; je suis garant qu'il mérite que vous ne l'oubliez pas. Il vous a écrit aussi à Vienne; mais apparemment sa lettre ne vous est pas encore parvenue. Je pourrais vous envoyer des lettres de Vienne, qui vous prouveraient combien je désirais que vous trouvassiez partout des marques de mon amitié. Je vous assure que le service que vous auriez pu me rendre dans un procès, dont je vous parlais dans la lettre qui était adressée à Berlin, et qui court après vous maintenant, n'entre pour rien dans le regret que j'ai que vous n'ayez point passé par ici; je n'ai, pour en être affligée, d'autre intérêt que celui de mon cœur.

* Voyez la note qui est au bas de la lettre suivante.

LETTRE XXXVII*.

A Bruxelles, ce 8 août 1741.

JE suis un peu jalouse, Monsieur, de voir votre portrait entre les mains de M. de Voltaire, et de ne le point avoir. Il est vrai que le bonheur qu'il a de pouvoir l'orner**, doit lui mériter la préférence; sans cela, assurément, je la disputerais à tout le monde. Je ne veux pas ôter à ma-

---

* En tête de cette lettre se trouve ajouté d'une autre main, ce qui suit : « Ayez un extrait des *Institutions* qui est dans le *Mercure* (juin 1741, 1er. vol.), et qui est plein de louanges et de critiques. Je vous envoie la lettre de M. Jurin; mais je n'en ai point de copie; ainsi, je vous en prie, ne l'égarez pas, et renvoyez-la moi. Que dites-vous de celle du P. Castel? Que Mme. d'Aiguillon en est outrée ! »

** Tournière, de l'Académie royale de peinture, peignit Maupertuis habillé comme il l'avait été en Laponie, et appuyant une main sur le globe de la terre comme pour l'applatir. Le marquis de *Loc-Maria* fit graver ce portrait par *Daullé*. Voltaire l'orna des vers suivans:

Ce globe mal connu, qu'il a su mesurer,
Devient un monument où sa gloire se fonde.
Son sort est de fixer la figure du monde,
    De lui plaire et de l'éclairer.

dame d'Aiguillon le plaisir de vous dire la première, de quelle façon vous êtes traité dans un
petit quatrain assez satirique, que l'on a mis au
bas et que je viens de lui envoyer. Vous voyez
qu'il y a long-temps que cette lettre devrait être
partie : on ne croirait jamais qu'à Bruxelle son
n'a pas le temps de finir une lettre ; rien n'est
cependant plus vrai : un incident de mon procès,
auquel je ne m'attendais pas, m'a occupée jour
et nuit, depuis quinze jours ; il m'empêche
souvent de dormir. Je commence à respirer et
à vous écrire.

Votre dernière lettre à M. de Voltaire me
donnerait trop d'amour-propre, si je ne savais
pas combien vous estimez au-dessus de leur
valeur ce qui vient des personnes que vous
aimez, et je ne veux plus douter que je sois du
nombre. Je ne me suis pas attendue que vous
devinssiez Léibnitien, ni que les monades fissent
votre conquête. Je ne sais cependant, si ces
idées métaphysiques, qui sont au commencement du livre, ne méritaient pas du moins
d'être connues ; car vous m'avouerez que la
grandeur du lit du roi Og *, n'ôte rien de leur
profondeur et de leur mérite aux idées méta-

* Allusion à quelque ouvrage du Léibnitien Wolf.

physiques de Léibnitz, dont Wolf a ramassé les lambeaux épars, et qu'on peut dire de bonnes choses, et les bien arranger, quoiqu'on fasse une scholie un peu ridicule. Neuton a commenté l'Apocalypse; cela vaut bien le lit du roi Og.

Je me flattais que vous liriez le livre avec un crayon, et que vous m'avertiriez de mes fautes : on en fait une édition en Hollande, qui sera très-belle, et pour laquelle j'ai fait beaucoup de corrections. Vous sentez bien que, si vous vouliez me dire ce que vous pensez, je serais sûre alors que l'édition serait bonne. Il me semble que *vous avez donné cette marque d'amitié à M. de Voltaire, pour les* Elémens de Neuton, *et qu'il en a beaucoup profité*. Je sens bien que vous me conseillerez de retrancher toute la métaphysique ; mais c'est surtout sur les onze derniers chapitres que je vous prie de m'éclairer; car enfin, je fais une petite partie du monde, et vous me plaisez beaucoup. Ainsi, j'espère que vous ne resterez pas en si beau chemin pour achever les vers*.

Je n'ai point reçu de lettres de vous de Franc-

---

* Allusion au dernier vers du quatrain de M. de Voltaire, mis au bas du portrait de M. de Maupertuis:

« De lui plaire et d'éclairer le monde. »

fort; cela est bien sûr ; je n'en ai reçu qu'une de Deux-Ponts, depuis quelques jours. *Varentraap*, qui m'a fourni des livres, m'a mandé qu'il avait eu quelque envie de faire une édition de ma dispute Mairanique ; mais qu'il commençait à s'en repentir, dans la crainte de ne la point vendre ; ainsi, elle n'aura point lieu, ce dont je suis fâchée ; car j'imagine que les gravures, dont madame d'Aiguillon m'a parlé dans une de ses lettres, y avaient rapport ; si on m'en avait donné l'idée, je l'aurais fait exécuter en Hollande ; les libraires n'y sont pas si timides que *Varentraap*, et font tout ce que je veux pour ma nouvelle édition, dans laquelle la dispute entrera.

Si j'ai jamais été curieuse de quelque chose, c'est de votre *Cosmologie*. La parallaxe de la lune est plus intéressante pour les astronomes; mais, pour nous autres gens terrestres, j'aimerais bien autant la *Cosmologie*, et je suis outrée de ne la point voir. Vous aviez ici quelque envie de faire imprimer le commencement de métaphysique que vous m'avez montré autrefois; je serais bien fâchée que vous me cachassiez quelque chose de ce que vous voulez bien montrer.

Les gazettes disent Euler à Berlin ; cela est-il

vrai ? Est-ce vous que l'y avez attiré ; je ne sais
s'il ne s'en repentira pas : il est vrai qu'il vient
de Pétersbourg ; mais il y a bien des façons
de perdre au change. Je voudrais lui envoyer
les *Institutions* et les pièces de ma dispute avec
Mairan : pourriez-vous les lui faire tenir, je
vous les ferais remettre ?

Je suis assez fraîchement avec Sa Majesté
prussienne. M. de Camas avait tracassé ; et le
départ de M. de Voltaire lui a paru si étrange,
qu'il n'a jamais pu le digérer, ni me le pardonner. Ce qui vous est arrivé * doit faire sentir
à M. de Voltaire combien il est heureux d'y
être resté si peu, et je veux croire qu'il n'en
avait pas besoin. Depuis la mort de Camas, il
m'a fait quelques agaceries, et cela en est resté
là ; mais vous m'avouerez qu'il est plaisant de
faire des odes pour Gresset, et de vous répondre
par Jordan : j'ai peur qu'il ne prenne le bizarre pour le grand, quoiqu'à présent je ne m'y
intéresse pas assez pour craindre rien. Des personnes venues de Vienne, comptaient étrangement pour lui le moment de votre prise ; mais
je sens bien qu'il faudrait un voyage de Paris
pour en savoir davantage. Les lettres à M. de

---

* D'avoir été pris à la bataille de Molwitz.

Voltaire contiennent, comme de coutume et toujours, des vers à tort et à travers. Keiserling* est revenu à Berlin, n'en pouvant plus; je crois que le pauvre garçon aurait plus besoin d'un voyage chez Morand**, que d'aller en Silésie. Vous m'avouerez que c'est un bon et aimable garçon. Avez-vous vu Algarotti avant votre départ? Ce qu'il y a de bizarre, c'est qu'il m'écrivait de Moscou et de Londres, et que, depuis qu'il est en Prusse, il ne m'a pas écrit.

Les *Institutions* m'ont attiré un drôle d'adversaire, c'est Crouzas; mais pour celui-là, il radote absolument; il a pourtant un livre sous presse, dans lequel il prouve que le léibnicisme renverse toute la morale. La lettre qu'il m'a écrite sur cela est à le faire renfermer. Je crains que celle-ci ne vous ennuie terriblement; mais vous n'avez qu'à vous imaginer qu'elle en contient deux ou trois, que je vous aurais écrites, depuis qu'elle est commencée. Je suis bien incertaine sur mon sort; je ne sais si la guerre me laissera ici, mais en quelque lieu que ce soit, vous serez toujours sûr d'avoir une personne qui vous aime bien tendrement.

* Envoyé de Russie.
** Médecin.

LETTRE XXXVIII.

A M. BERGER*.

Vous donnez, Monsieur, des conseils à M. de Voltaire, dont il n'a pas besoin. Il n'a jamais écrit ni contre le Gouvernement, ni contre la religion. Il respecte l'un et l'autre. Tous ses ouvrages portent le caractère d'un bon citoyen et d'un chrétien éclairé. Je ne citerai que la *Henriade et Alzire*, qui devaient servir de témoignage de sa façon de penser, et de défense contre les petits ouvrages qu'on lui attribue ou qu'on envenime. Votre amitié s'est emportée trop loin. Vous auriez dû observer un peu davantage, plutôt que de donner de pareils conseils à votre ami; c'est le supposer coupable, et risquer que les gens qui peuvent voir vos lettres croient qu'il a mérité les injustices qu'il essuie. Il attendait d'une amitié sage et éclairée comme la vôtre, que, bien loin de lui reprocher un badinage

---

* Cette lettre est vraisemblablement de 1740, époque à laquelle Voltaire partit pour Bruxelles.

innocent que ses ennemis ont apparemment fal-
sifié, vous vous élèveriez avec force et avec courage contre la basse jalousie et la superstition
de ceux qui osent le condamner. Il n'en sent
pas moins vivement l'intérêt que vous prenez à
ce qui le regarde. Vous croyez bien qu'il est à
présent à l'abri d'être accablé par la persécution.
En quelque lieu du monde qu'il soit obligé de
vivre, je suis sûre que vous n'oublierez jamais
l'amitié et la considération que vous avez pour
lui, et que ces deux sentimens règleront toujours vos démarches sur ce qui le regarde. Il
vous aime et vous estime véritablement. Il faut
espérer qu'un jour on rendra plus de justice,
dans son pays, à un homme qui en fait la gloire,
ainsi que celle de l'humanité.

Publié dans l'ouvrage intitulé : *Voltaire peint par lui-
même; ouvrage rare.*

SUPPLÉMENT

A LA CORRESPONDANCE

DE VOLTAIRE

AVEC LE ROI DE PRUSSE,

ET AUTRES PERSONNES CÉLÈBRES.

LETTRE I*.

A MAUPERTUIS.

Fontainebleau, 30 octobre 1732, hôtel de Richelieu.

ÉTANT à la Cour, Monsieur, sans être courtisan, et lisant des livres de philosophie, sans
être philosophe, j'ai recours à vous dans mes
doûtes, bien fâché de ne pouvoir jouir du plaisir
de vous consulter de vive voix. Il s'agit du grand
principe de l'attraction de M. Neuton : à qui

---

* Cette lettre, les trois suivantes et le billet, n'ont
jamais paru.

5*

puis-je mieux m'adresser qu'à vous, Monsieur,
qui l'entendez si bien, qui travaillez vous-même
sur la philosophie, qui êtes si capable d'en confirmer la vérité, ou d'en démontrer le faux?

Je vous envoie mon petit Mémoire que j'avais
fait très-long pour un autre, et que j'ai fait
très-court pour vous*; bien sûr que, sur le seul
énoncé, vous suppléerez à tout ce qui y manque.
Je vous demande pardon de mon importunité;
mais je vous supplie très-instamment de vouloir
bien employer un moment de votre temps à
m'éclairer. J'attends votre réponse, pour savoir
si je dois croire, ou non, l'attraction. Ma foi
dépendra de vous; et si je suis persuadé de la
vérité de ce système, comme je le suis de votre
mérite, je suis assurément le plus ferme Neutonien du monde.

-J'ai l'honneur d'être, Monsieur, avec toute
l'estime que je vous dois,

> Votre très-humble et très-obéissant
>   serviteur,
>
>   VOLTAIRE.

* Voltaire a fondu ce mémoire sur l'attraction,
dans ses *OEuvres physiques*, comme il a fondu son
Abrégé de l'Histoire universelle, dans son *Essai sur les
mœurs*, etc.

LETTRE II.

AU MÊME.

Fontainebleau, 3 mars 1733.

JE ne vous avais demandé qu'une démonstration, et vous m'en donnez deux ! Je vous remercie assurément de votre libéralité, et je suis bien aise de voir que ce sont les riches qui sont prodigues. Vous avez éclairci mes doutes avec la netteté la plus lumineuse : me voici Neutonien de votre façon. Je suis votre prosélyte, et fais ma profession de foi entre vos mains. A la manière dont vous écrivez, je ne doute pas que votre livre ne vous fasse bien des disciples. Vous êtes si intelligible que, sans doute, *unusquisque audiet linguam suam.*

J'aurai seulement le bonheur d'avoir été instruit avant les autres, et d'être le premier néophyte. On ne peut plus s'empêcher de croire à la gravitation neutonienne, et il faut proscrire les chimères des tourbillons.

Deus ille fuit, Deus, inclyte Memmi,
Ergo vivida vis animi pervicit, et extra
Processit longe flammantia lumina mundi.

Voilà le cas où vous êtes : j'attends votre livre avec la dernière impatience ; vous serez l'apôtre du dieu dont je vous parle. Plus j'entrevois cette philosophie et plus je l'admire ; on trouve, à chaque pas que l'on fait, que cet univers est arrangé par des lois mathématiques, qui sont éternelles et nécessaires.

Qui aurait pensé, il y a cinquante ans, que le même pouvoir fesait le mouvement des astres, et la pesanteur? Qui aurait soupçonné la réfrangibilité et les autres propriétés de la lumière découvertes par Neuton? Il est notre Christophe Colomb ; il nous a menés dans un nouveau monde, et je voudrais bien y voyager à votre suite. Que de questions peut-être mal fondées je vous ferais ! mais je me flatte que vous y répondriez avec la même bonté avec laquelle vous avez levé mes premiers scrupules.

Je vous dirais que le système de l'attraction et l'anéantissement des tourbillons de matière subtile, ne donnent aucune raison de la rotation des planètes sur leurs axes.

Je vous demanderais pourquoi, si la force de l'attraction augmente si prodigieusement par le voisinage, la comète de 1680, dans son périgée, qui était presque dans le disque du soleil, qui n'en était éloigné que de la sixième ou huitième partie, n'y a pas été entraînée? Pourquoi les corps graves n'accélèrent plus leur chute sur la terre au bout de quelques minutes. Comment M. Neuton peut apporter l'aimant en preuve de son système, puisque, selon ce système, l'aimant devrait attirer le fer, ou en être attiré en tous les sens, au lieu qu'il a un pôle qui attire, et un autre qui repousse?

Votre écolier deviendrait enfin bien importun, mais il voudrait mériter d'avoir un tel maître! Je sens avec douleur que toute mon attention, tous mes efforts et tout mon temps me suffiraient à peine pour être un peu instruit, et que je n'ai à donner à cette étude sublime, que quelques heures sans suite, et une attention distraite par mille objets, et surtout par ma mauvaise santé. Je n'en sais qu'autant qu'il en faut pour vous admirer, et non pas pour vous suivre. Je suis, Monsieur, avec les sentimens les plus vifs d'estime et de reconnaissance,

Votre très-humble et très-obéissant serviteur,

VOLTAIRE.

LETTRE III.

AU MÊME.

Fontainebleau, samedi 8 avril 1733.

PARDON, Monsieur ; mes tentations sont allées au diable, d'où elles étaient venues. Votre première lettre m'a baptisé dans la religion neutonienne ; votre seconde m'a donné la confirmation. En vous remerciant de vos sacremens, brûlez, je vous prie, mes ridicules objections ; elles sont d'un infidèle : je garderai à jamais vos lettres ; elles sont d'un grand apôtre de Neuton : *Lumen ad revelationem gentium.*

Je suis, avec bien de l'admiration, de la reconnaissance et de la honte,

Votre très-humble et indigne disciple,

VOLTAIRE.

LETTRE IV.

AU MÊME.

Cirey, octobre 1734, adressée à Bâle.

Que tous les tourbillonniers s'en aillent, s'ils veulent, à Bâle ; mais que Sir Isac revienne à Paris, et surtout qu'il décrive une ligne courbe, en passant par Cirey.

J'ai reçu, Monsieur, l'inutile lettre de T. ; une autre conduite eût mieux valu que sa lettre ; mais je pardonne aux faibles, et ne suis inflexible que pour les méchans. Horace met parmi les vertus nécessaires : *Ignoscere amicis.* Je crois avoir cette vertu-là ; et, quand je n'y serais pas disposé, vous y auriez tourné mon cœur. Les hommes, d'ailleurs, sont en général si fourbes, si envieux, si cruels, que, quand on en trouve un qui n'a que de la faiblesse, on est trop heureux. La plus belle âme du monde passe sa vie à vous écrire en algèbre*, et moi, je vous dis en prose, que je serai toute ma vie,

Votre admirateur et votre ami,

VOLTAIRE.

* Mme. du Châtelet.

BILLET *.

AU MÊME.

Postdam, décembre 1740.

Mon cher hibou de philosophe errant, venez donc dîner aujourd'hui chez M. de Valory**; et s'il dîne chez M. de Beauvau***, nous mangerons chez M. de Beauvau. Il faut que j'embrasse mon philosophe avant que de prendre congé de la respectable, singulière et aimable p..... qui arrive ****.

* Ce billet est d'autant plus important, qu'il ne laisse aucun doute sur le premier voyage de Voltaire à Berlin en 1740.

** Envoyé extraordinaire de France, résidant à Postdam.

*** Le marquis de Beauvau, envoyé en 1740 pour faire compliment au roi de Prusse, sur son avénement à la couronne.

**** C'est le roi de Prusse que M. de Voltaire désigna sous cette étrange dénomination : il lui disait souvent, qu'il était une *franche coquette*.

LETTRE V *.

A MONSIEUR LE COMTE DE CAYLUS.

Je vais vous obéir avec exactitude** , Monsieur ; et si l'on peut mettre un carton à l'édition d'Amsterdam, il sera mis, n'en doutez pas ; je préfère le plaisir de vous obéir à celui de vous louer. Je n'ai pas cru qu'une louange si juste pût vous offenser ; vos ouvrages sont publics ; ils honorent les cabinets des curieux ; mes portefeuilles en sont pleins ; votre nom est à chacune de vos estampes. Je ne pouvais pas deviner que

* Cette lettre est sans date ; mais il n'est point douteux qu'elle est de 1733, puisque la réponse de M. de Caylus est de la même année.

** Voltaire avait mis dans sa première édition du *Temple du Goût*, les quatre vers suivans :

> Caylus ! tous les arts te chérissent ;
> Je conduis les brillans dessins,
> Et les Raphaëls s'applaudissent
> De se voir graver par tes mains.

M. de Caylus témoigna hautement son mécontentement d'un pareil éloge, ce qui donna lieu à la lettre de Voltaire.

vous fussiez fâché que des ouvrages publics, dont vous nous honorez, fussent loués publiquement.

Les noirceurs que j'ai essuyées, sont aussi publiques et aussi incontestables que le reste ; mais il est incontestable aussi que je ne les ai pas méritées, que je dois plaindre celui qui s'y abandonne, et lui pardonner, puisqu'il a su s'honorer de vos bontés, et vous cacher les scélératesses dont il est capable. C'est pour la dernière fois que je parlerai de sa personne * ; pour ses ouvrages, je n'en ai jamais parlé. Je souhaite qu'il devienne digne de votre bienveillance. Il me semble qu'il n'y a que des hommes vertueux qui doivent être admis dans votre commerce. Pour moi, j'oublierai les horreurs dont cet homme m'accable tous les jours, si je peux obtenir votre indulgence.

J'ai l'honneur d'être, Monsieur, avec tous les sentimens respectueux que j'ai toujours eu pour vous,

Votre très-humble et très-obéissant serviteur,

VOLTAIRE.

---

* Il est à présumer que Voltaire parle de Jean-Baptiste Rousseau.

_____

M. de Caylus répondit à Voltaire la lettre suivante.

A Paris, le 16. juin 1733.

Il est constant, Monsieur, que je ne me suis point plaint de vous, puisque vous n'avez pas entendu parler de moi ; il est bien vrai que j'aurais été fort content de ne point me trouver dans la première édition du *Temple du Goût :* un homme simple, retiré de toute affaire, n'aime point que le public parle de lui.

Il est encore vrai que vous me ferez un très-grand plaisir de ne point mettre les quatre vers que vous avez la bonté de me communiquer pour votre deuxième édition.

A l'égard des autres articles de votre lettre, je ne connais personne capable de toutes les noirceurs dont vous me parlez ; et je n'ai jamais vu qui que ce fût, qui méritât les soupçons que vous me communiquez ; mais le monde ne vous est pas connu, ou vous savez très-bien qu'à la faveur d'un mécontentement et d'une brouil-lerie dont j'ai été fort fâché, il y a bien des

gens qui répandent leur venin, et font impuné-
ment des méchancetés. Je crois que vos plaintes
n'ont aucun fondement.

Au reste, Monsieur, je vous remercie encore
une fois de votre politesse; vous y mettrez le
comble, si je ne me trouve point dans votre
nouvelle édition. Faites-moi le sacrifice de
quatre jolis vers en eux-mêmes, mais qui ren-
ferment un éloge que, ni mort, ni vivant, n'a
jamais mérité *. Je suis très-parfaitement,

　　　Votre très-humble et très-obéissant
　　serviteur,

　　　　　　　Caylus.

────────────────

LETTRE VI**.

AUX AUTEURS DE LA GAZETTE LITTÉRAIRE.

Vous avez dit, Messieurs, en rendant compte
de l'ouvrage de M. Hocke, que l'Histoire ro-

────────────────

* Voltaire obéit, et les quatre vers ne se trouvent
plus dans aucune édition postérieure au *Temple du Goût*.

** Cette lettre et les deux suivantes n'ont point de
date, mais elles sont antérieures à la correspondance de
Voltaire avec le roi de Prusse.

maine est encore à faire parmi nous, et rien n'est plus vrai. Il était pardonnable aux historiens romains d'illustrer les premiers temps de la République par des fables qu'il n'est plus permis de transcrire que pour les réfuter : tout ce qui est contre la vraisemblance doit au moins inspirer des doutes ; mais l'impossible ne doit jamais être écrit.

On commence par nous dire que Romulus, ayant rassemblé trois mille trois cents bandits, bâtit le bourg de Rome, de mille pas en carré : or, mille pas en carré suffiraient à peine pour deux métairies ; comment trois mille trois cents hommes auraient-ils pu habiter ce bourg ?

Quels étaient les prétendus rois de ce ramas de quelques brigands ? n'étaient-ils pas visiblement des chefs de voleurs, qui partageaient un gouvernement tumultueux avec une petite horde féroce et indisciplinée.

Ne doit-on pas, quand on compile l'Histoire ancienne, faire sentir l'énorme différence de ces capitaines de bandits avec de véritables rois d'une nation puissante ?

Il est avéré, par l'aveu des écrivains romains, que, pendant près de quatre cents ans, l'État romain n'eut pas plus de dix lieues en longueur et autant en largeur. L'Etat de Gênes est beaucoup plus considérable aujourd'hui que la République romaine ne l'était alors.

Ce ne fut que l'an 360 que Veïes fut prise, après un espèce de siége et de blocus qui avait duré dix années; Veïes était auprès de l'endroit où est aujourd'hui Civita-Vecchia, à cinq ou six lieues de Rome; et le terrain autour de Rome, capitale de l'Europe, a toujours été si stérile, que le peuple voulut quitter sa patrie pour aller s'établir à Veïes.

Aucunes de ses guerres, jusqu'à celle de Pyrrhus, ne méritait de place dans l'Histoire, si elles n'avaient été le prélude de ses grandes conquêtes; tous ces événemens, jusqu'au temps de Pyrrhus, sont pour la plupart si petits et si obscurs, qu'il fallut les relever par des prodiges incroyables ou par des faits destitués de vraisemblance, depuis l'aventure de la louve qui nourrit Romulus et Rémus, et depuis celle de Lucrèce, de Clélie, de Curtius, jusqu'à la prétendue lettre du médecin de Pyrrhus, qui proposa, dit-on, aux Romains d'empoisonner son maître, moyennant une récompense proportionnée à ce service. Que lle récompense pouvaient lui donner les Romains qui n'avaient alors ni or ni argent; et comment soupçonne-t-on un médecin grec d'être assez imbécille pour écrire une telle lettre ?

Tous nos compilateurs recueillent ces contes sans le moindre examen ; tous sont copistes, aucun n'est philosophe : on les voit tous honorer du nom de vertueux des hommes qui, au fond, n'ont jamais été que des brigands courageux ; ils nous répètent que la vertu romaine fut enfin corrompue par les richesses et par le luxe, comme s'il y avait de la vertu à piller les nations, et comme s'il n'y avait de vice qu'à jouir de ce qu'on a volé. Si on a voulu faire un traité de morale au lieu d'une histoire, on a dû inspirer autant d'horreur pour les dépravations des Romains, que pour l'usage qu'ils firent des trésors ravis à tant de nations, qu'ils dépouillèrent l'une après l'autre.

Nos historiens modernes de ces temps reculés auraient dû discerner au moins les temps dont ils parlent ; il ne faut pas traiter le combat peu vraisemblable des *Horaces* et des *Curiaces*, l'aventure romanesque de Lucrèce, celle de Clélie, celle de Curtius, comme les batailles de Pharsale et d'Actium.

Il est essentiel de distinguer le siècle de Cicéron de ceux où les Romains ne savaient ni lire ni écrire, et ne comptaient les années que par des clous fichés dans le Capitole; en un mot, toutes les Histoires romaines que nous avons dans les langues modernes, n'ont point encore satisfait les lecteurs.

Personne n'a encore recherché avec succès ce qu'était un peuple attaché scrupuleusement aux superstitions, et qui ne sut jamais régler le temps de ses fêtes, qui ne sut même, pendant près de cinq cents ans, ce que c'était qu'un cadran au soleil; un peuple dont le sénat se piqua quelquefois d'humanité, et dont ce même sénat immola deux Grecs et deux Gaulois pour expier la galanterie d'une de ses Vestales; un peuple toujours exposé aux blessures, et qui n'eut, au bout de cinq siècles, qu'un médecin, qui était, à la fois, chirurgien et apothicaire.

Le seul art de ce peuple fut la guerre pendant six cents années; et, comme il était toujours armé, il vainquit tour à tour les nations qui n'étaient pas continuellement sous les armes.

L'auteur du petit volume sur *la Grandeur et la Décadence des Romains*, nous en apprend plus que les énormes livres des historiens modernes; il eût seul été digne de faire cette Histoire, s'il eût pu résister surtout à l'esprit de système, et au plaisir de donner souvent des pensées ingénieuses pour des raisons.

Un des défauts qui rendent la lecture des nouvelles Histoires romaines peu supportable, c'est que les auteurs veulent entrer dans des détails comme Tite-Live; ils ne songent pas que Tite-Live écrivait pour sa nation, à qui ces détails étaient précieux.

C'est bien mal connaître les hommes d'imaginer que des Français s'intéresseront aux marches et contremarches d'un consul qui fait la guerre aux Samnites et aux Volsques, comme nous nous intéressons à la bataille d'Ivri, et au passage du Rhin à la nage.

Toute l'Histoire ancienne doit être écrite différemment de la nôtre, et c'est de ces convenances que les auteurs des Histoires anciennes ont manqué; ils répètent et ils allongent des harangues qui ne furent jamais prononcées; plus soigneux de faire parade d'une éloquence déplacée, que de vérités utiles. Les exagérations, souvent puériles, les fausses évaluations des monnaies de l'antiquité et de la richesse des états, induisent en erreur les ignorans, et font peine aux hommes instruits.

On imprime de nos jours qu'*Archimède* lançait des traits à quelque distance que ce fût; qu'il élevait une galère au milieu de l'eau, et la transportait sur le rivage, en remuant le bout

du doigt ; qu'il en coûtait six cent mille écus,
pour nettoyer les égouts de Rome, etc.

Les histoires plus anciennes sont encore écrites
avec moins d'attention. La saine critique y est
plus négligée ; le merveilleux, l'incroyable y
dominent ; il semble qu'on ait écrit pour des
enfans plus que pour des hommes ; le siècle
éclairé où nous vivons, exige, dans les auteurs,
une raison plus cultivée.

VOLTAIRE.

LETTRE VII.

AUX MÊMES.

MILLE gens, Messieurs, s'élèvent et déclament contre l'anglomanie : j'ignore ce qu'ils entendent par ce mot. S'ils veulent parler de la fureur de travestir en modes ridicules quelques usages utiles, de transformer un déshabillé commode en un vêtement malpropre, de dénaturer des jeux nationaux, pour y mettre des grimaces à la place de la gravité, ils pourraient avoir raison ; mais si, par hasard, ces déclamateurs prétendaient vous faire un crime du désir d'étudier, d'observer, de philosopher comme les Anglais, ils auraient certainement grand tort; car, en supposant que ce désir soit déraisonnable ou même dangereux, il faudrait avoir beaucoup d'humeur pour nous l'attribuer, et ne pas convenir que nous sommes, à cet égard, à l'abri de tout reproche.

Je fais cette réflexion, en lisant votre feuille du 24 octobre dernier, dans laquelle vous annoncez une histoire d'Angleterre en forme de lettre. Vous dites que ce que les Anglais savent le mieux, c'est l'histoire d'Angleterre; et j'ajoute que ce que les Français savent le moins, c'est l'histoire de France. Otez à la plupart ce qu'ils ont ramassé dans des anecdotes forgées par la malignité, dans les mémoires plaisamment rédigés, dans les romans sans imagination, et il ne leur restera pas même la notion la plus imparfaite d'une science très-importante.

L'étude de l'histoire serait pourtant aussi nécessaire à Paris qu'à Londres. Si nous apprenions quelle est l'origine et la bonté de notre Gouvernement, le patriotisme nous ranimerait. Les temps de calme et d'obéissance, comparés aux temps de trouble et de vertige, seraient une leçon admirable de douceur et de soumission.

Les faits bien vus feraient tomber cette fureur pour la dispute, dont l'âcreté augmente en raison de l'obscurité et de l'inutilité des objets sur lesquels elle s'exerce ; ils feraient revivre cet esprit de franchise et de loyauté, qui vaut bien l'esprit d'intrigue et de cabale ; ils nous forceraient à appliquer les hommes et les événemens passés, aux hommes et aux événemens actuels ; nous travaillerions à devenir meilleurs, et nous gagnerions infiniment du côté des hommes et des choses.

On me dira que nous n'avons point d'historiens ; que pour un *de Thou*, il y a cent mauvais compilateurs ; qu'il eût été à souhaiter que l'auteur de l'*Essai sur l'Histoire générale*, se fût attaché à l'histoire de son pays ; que c'est à un homme d'état et à un philosophe à écrire l'Histoire, parce qu'il faut connaître les hommes pour les peindre, et participer au Gouvernement, ou avoir les qualités propres à ce grand métier, pour en développer les ressorts ; ces raisonnemens sont vrais : je les ai faits.

J'ai vu dans presque tous les historiens romains, l'intérieur de la République ; ce qui concerne la religion, les lois, la guerre, les mœurs, m'a été clairement dévoilé ; je ne sais même, si je n'ai pas plus distinctement connu ce qui s'est passé au-dedans, que ce qui s'est exécuté au-dehors. Pourquoi cela? C'est que l'écrivain tenait à la chose publique; c'est qu'il pouvait être magistrat, prêtre, guerrier, et que, s'il ne remplissait pas les premières fonctions de l'État, il devait du moins s'en rendre digne. J'avoue qu'il ne faut point songer à obtenir chez nous un pareil avantage; notre propre constitution y résiste; mais je n'en conclus point qu'il ne faille pas étudier notre histoire.

Contentons-nous de ces historiens simples qui, comme dit *Montaigne*, n'apportent que le soin et la diligence de ramasser tout ce qui vient à leur notice, et d'enregistrer, à la bonne foi, toute chose, sans choix ni triage, nous laissant le jugement entier. Si nous en avons de tels, félicitons-les, et lisons-les avec un esprit philosophique; si notre instruction n'est ni élevée ni profonde, elle sera proportionnée à notre génie, et pourra suffire à nos besoins.

J'ai l'honneur d'être, etc.

VOLTAIRE.

LETTRE VIII.

AUX MÊMES.

Tous les objets des sciences sont de votre ressort ; souffrez que les chimères en soient aussi. *Nihil sub sole novum*, rien de nouveau sous le soleil ; aussi ce n'est pas de ce qui se fait en plein jour que je veux vous entretenir, mais de ce qui se passe pendant la nuit : ne vous alarmez pas, il ne s'agit que des songes.

Un de mes concitoyens vient de faire imprimer un livre très-profond sur les rêves. Il distingue les rêves en naturels et en surnaturels. Ceux de cette dernière espèce sont rares ; on ne les rencontre aujourd'hui que dans les tragédies. Je félicite mon cher compatriote d'avoir de si beaux rêves. Je vous avoue, Messieurs, que je pense assez comme le médecin de votre M. de *Pourceaugnac* : il demande à son malade de quelle nature sont ses songes, et M. de Pourceaugnac, qui n'est pas philosophe, répond qu'ils sont de la nature des songes.

Il est très-certain pourtant, n'en déplaise à

votre Limousin, que des songes pénibles et funestes dénotent les peines de l'esprit et du corps, un estomac chargé d'alimens, ou un esprit occupé d'idées douloureuses pendant la veille.

Le laboureur, qui a bien travaillé sans chagrin, et bien mangé sans excès, dort d'un sommeil plein et tranquille, que les rêves ne troublent point : tant qu'il est dans cet état, il ne se souvient jamais d'avoir fait aucun rêve. C'est une vérité dont je me suis assuré autant que je l'ai pu dans mon *Manor* de Herefordshire. Tout rêve un peu violent est produit par un excès, soit dans les passions de l'âme, soit dans la nourriture du corps. Il semble que la nature alors vous en punisse, en vous donnant des idées, en vous fesant penser malgré vous. On pourrait inférer de là, que ceux qui pensent le moins, sont les plus heureux ; mais ce n'est pas là que je veux en venir.

Il faut dire, avec *Pétrone* : *Quidquid luce fuit, tenebris agit.* J'ai connu des avocats qui plaidaient en songe, des mathématiciens qui cherchaient à résoudre des problèmes, des poëtes qui faisaient des vers : j'en ai fait moi-même qui étaient assez passables, et je les ai retenus.

Les songes me paraissent encore l'origine sensible des premières prédictions. Qu'y a-t-il de plus naturel et de plus commun que de rêver à une personne chère, qui est en danger de mort, et de la voir expirer en songe? Quoi de plus naturel encore, que cette personne meure après le rêve funeste de son ami? Les songes, qui auront été accomplis, sont des prédictions que personne ne révoque en doute.

On ne tient point compte des rêves qui n'auront point eu leur effet : un seul songe accompli fait plus d'effet que cent qui ne l'auront pas été. L'antiquité est pleine de ces exemples. Combien nous sommes faits pour l'erreur ! Le jour et la nuit ont servi à nous tromper.

Vous voyez bien, Messieurs, qu'en étendant ces idées, on pourrait tirer quelque fruit du livre de mon compatriote le rêvasseur; mais je finis, de peur que vous ne me preniez moi-même pour un songe-creux.

Je suis, MM., votre, etc.

John DREAMER*.

* C'est le nom anglais qu'avait pris Voltaire.

Billet de congé DE VOLTAIRE.

Fin de décembre 1740.

Non, malgré vos vertus, non, malgré vos appas,
   Mon ame n'est point satisfaite;
    Non, vous n'êtes qu'une coquette
Qui subjuguez les cœurs, et ne vous donnez pas.

RÉPONSE.

Mon ame sent le prix de vos divins appas;
Mais ne présumez pas qu'elle en soit satisfaite.
Traître, vous me quittez pour suivre une coquette:
   Moi, je ne vous quitterais pas.

Nota. Ce billet n'a point de date, mais il nous paraît devoir être rapporté à la fin de l'année 1740, époque du premier voyage de Voltaire à Berlin : ce qui vient à l'appui de notre conjecture, c'est un fragment de la Lettre XXX de la *Correspondance*, imprimée à Kehl, t. 65, *in*-8°., qui paraît être la suite de ce billet, ou plutôt la réplique du philosophe à la réponse de Frédéric; il est ainsi conçu :

Je vous quitte, il est vrai, mais mon cœur déchiré
   Vers vous revolera sans cesse.

Depuis quatre ans vous êtes ma maîtresse;
Un amour de dix ans doit être préféré;
    Je remplis un devoir sacré.
Héros de l'amitié, vous m'approuvez vous-même;
    Adieu, je pars désespéré.
Oui, je vais aux genoux d'un objet adoré;
    Mais j'abandonne ce que j'aime.

Il était impossible de répondre au roi de Prusse d'une manière plus fine et plus délicate.

Dans la Lettre **XXXI**, Voltaire revient ainsi sur le même sujet:

Vous ouvrez d'une main hardie
Le temple horrible de Janus;
Je m'en retourne tout confus
Vers la chapelle d'Émilie.

Émilie est, sans contredit, la *coquette* dont parle Frédéric.

LETTRE IX*.

A LA REINE DE PRUSSE.

Paris, 1741.

Madame,

S. A. R. madame la Margrave de Bareith, m'ayant fait l'honneur de m'avertir que Votre Majesté souhaitait de voir cette tragédie de Mahomet, dont le Roi a une copie, je n'ai, depuis ce moment, songé qu'à la corriger, pour la rendre moins indigne des attentions de Votre Majesté; et, après l'avoir retravaillée avec tous les soins dont je suis capable, je l'ai adressée à M. de Rawfeld, envoyé de votre Cour à la Haye, afin qu'elle parvînt à Votre Majesté avec sûreté et promptitude.

Je cherche moins peut-être à obéir à une Reine, qu'à mériter, si je puis, le suffrage d'un excellent juge. Il n'est pas étonnant qu'on n'ait pas d'autre envie que celle de plaire à Votre Majesté, dès qu'on a eu le bonheur de l'ap-

* Inédite.

procher : mon zèle pour elle, sera aussi durable
que mes regrets. Berlin est le séjour de la politesse et des arts, comme la Silésie est celui de
la gloire. Puisse Votre Majesté faire long-temps
l'ornement de l'Allemagne; et puisse le Roi,
qui en fait le destin, jouir, auprès de vous, de
tout le bonheur qu'il mérite!

Je suis avec un très-profond respect,

Madame,

De Votre Majesté, le très-humble et
très-obéissant serviteur,
VOLTAIRE.

LETTRE X.

A FRÉDÉRIC.

A Paris, ce 22 septembre 1746 *.

VOTRE personne me sera toujours chère,
comme votre nom sera toujours respectable à
vos ennemis mêmes, et glorieux dans la posté-

* Dans l'original; la date est à la fin de la lettre;
c'est la seule fois que Voltaire ne met point Sire au
commencement de ses lettres.

rité. Il y a quelques mois que vous aviez perdu, dans le tumulte de vos victoires, ce commencement de l'histoire de Louis XIV, et que j'avais eu l'honneur de remettre entre les mains de Votre Majesté. J'envoyai, quelques jours après, à Cirey chercher le manuscrit original, sur lequel je fis faire une nouvelle copie. M. de Maupertuis partit de Paris, avant que cette copie fût prête; sans quoi, je l'en aurais chargé. Il m'a dit l'étrange raison alléguée par le sieur Tiriot à Votre Majesté même, par laquelle ledit sieur Tiriot s'excusait de faire cet envoi.

C'est ce qui m'a déterminé à presser les copistes, et à leur faire quitter tout autre ouvrage.

J'ai donc porté l'histoire de Louis XIV chez le correspondant du sieur Jordan, et Votre Majesté la recevra probablement avec cette lettre.

Si vous aviez, Sire, daigné vous adresser à moi, vos ordres n'en auraient pas été, à la vérité, exécutés plus tôt, puisqu'il a fallu le temps d'envoyer à Cirey; mais vous m'auriez donné une marque de confiance et de bonté, que j'étais en droit d'attendre; car, quoique la destinée m'ait forcé de vivre loin de votre Cour, elle n'a pu, assurément, rien diminuer des sentimens qui m'attachent à vous, jusqu'au dernier jour de ma vie.

Non-seulement je vous envoie, Sire, cette histoire ; mais je ferai tenir aussi à Votre Majesté, la tragédie de *Sémiramis*, que j'avais faite pour la Dauphine, qui nous a été enlevée. Je n'ai pu vous donner la *Pucelle* ; il faudrait pour cela user de violence, et la violence n'est bonne qu'avec les pandours et les hussards.

C'est malgré moi que je ne remets pas entre vos mains tout ce que j'ai pu jamais faire : il est juste que l'homme le plus capable d'en juger en soit le possesseur. Je ne crois pas que, dorénavant, ma santé me permette de travailler beaucoup. Je suis tombé, enfin, dans un état auquel je ne crois pas qu'il y ait de ressource : j'attends la mort patiemment ; et, si Votre Majesté veut le permettre, j'aurai soin que tous mes manuscrits vous soient fidèlement remis après ma mort, et Votre Majesté en disposera comme elle voudra. C'est déjà, pour moi, une idée bien consolante, de penser que tout ce qui m'a occupé, pendant ma vie, ne passera que dans les mains du Grand Frédéric.

Je sais que Votre Majesté a ordonné au sieur Tiriot, de lui envoyer toutes les éditions qu'il aura pu recouvrer ; mais elles sont toutes si informes, si fautives, qu'il n'y en a aucune que je puisse adopter. Celle de Leyde est une des plus mauvaises ; et surtout, leur sixième tome serait punissable, si on savait, en Hollande, punir la licence des libraires.

Votre Majesté ne sera peut-être pas fâchée d'apprendre que les armes du Roi, mon maître, et ses succès en Flandre, ont prévenu de nouvelles prévarications de la part des libraires hollandais. Un secrétaire, que malheureusement madame du Châtelet m'avait donné elle-même, avait pris la peine de transcrire plusieurs de mes lettres, et de celles de madame du Châtelet, plusieurs même de Votre Majesté, et il les avait mises en dépôt chez une marchande de Bruxelles, nommée Desvignes, qui demeure à l'enseigne du Ruban-bleu : cette femme en avait vendu une partie aux Leyde, qui les ont imprimées dans leur sixième volume; et elle était en marché du reste, lorsque le Roi, mon maître, prit Bruxelles. Nous nous adressâmes, sur-le-champ, à M. de Sechelles, nommé intendant du pays conquis : il fit une descente chez la Desvignes, se saisit des papiers, et les renvoya à madame la marquise du Châtelet.

Au reste, Sire, madame du Châtelet et moi, nous sommes toujours pénétrés de la même vénération pour Votre Majesté ; et elle vous donne, sans difficulté, la préférence sur toutes les monades de Leibnitz. Tout sert à la faire souvenir de vous : votre portrait, qui est dans sa chambre, à la droite de Louis XIV; vos médailles, qui sont entre celles de Neuton et de Marlborough; votre couvert, avec lequel elle mange souvent; enfin, votre réputation, qui est présente partout, et à tous les momens.

Pour moi, Sire, je n'ai d'autre regret dans le monde, que celui de ne plus voir le Grand-Homme qui en est l'ornement.

J'achève paisiblement ma carrière, et je la finirai, en vous protestant que j'aurai toujours vécu avec le plus véritable attachement et le plus profond respect,

Sire,

De Votre Majesté, etc.,

VOLTAIRE.

LETTRE XI.

AU MÊME.

A Paris, ce 5 février 1747.

SIRE,

Eh bien ! vous aurez *Sémiramis* ; elle n'est pas à l'eau rose ; c'est ce qui fait que je ne la donne pas à notre peuple de Sybarites, mais à un Roi qui pense comme on pensait en France du temps du grand Corneille et du grand Condé, et qui veut qu'une tragédie soit tragique, et une comédie comique.

Dieu me préserve, Sire, de faire imprimer la guerre de 1741 ; ce sont de ces fruits que le temps seul peut mûrir : je n'ai fait assurément ni un panégyrique, ni une satire ; mais plus j'aime la vérité, moins je dois la prodiguer. J'ai travaillé sur les Mémoires et sur les Lettres des Généraux et des Ministres ; ce sont des matériaux pour la postérité ; car sur quels fonde-

7*

mens bâtirait-on l'Histoire, si les contemporains ne laissaient pas de quoi élever l'édifice ?
César écrivit ses Commentaires, et vous écrivez
les vôtres ; mais où sont les acteurs qui puissent
ainsi rendre compte du grand rôle qu'ils ont
joué ? Le maréchal de Broglie était-il homme
à faire des Commentaires ?

Au reste, Sire, je suis très-loin d'entrer
dans cet horrible et ennuyeux détail des journaux de siége, de marches, de contre-marches,
de tranchées relevées, et de tout ce qui fait l'en-
tretien d'un vieux major et d'un lieutenant-
colonel retiré dans sa province. Il faut que la
guerre soit par elle-même quelque chose de
bien vilain, puisque les détails en sont si ennuyeux. J'ai tâché de considérer cette folie humaine un peu en philosophe ; j'ai représenté
l'Espagne et l'Angleterre dépensant cent mil-
lions à se faire la guerre, pour quatre-vingt-
quinze mille portées en compte ; les nations
détruisant réciproquement le commerce, pour
lequel elles combattent ; la guerre au sujet de
la pragmatique, devenue comme une maladie
qui change trois ou quatre fois de caractère,
et qui de fièvre devient paralysie, convulsion ;
Rome, qui donne la bénédiction, et qui ouvre
ses portes aux têtes des deux armées ennemies

en un même jour ; un chaos d'intérêts divers,
qui se croisent à tout moment ; ce qui était vrai
au printemps, devenu faux en automne; tout
le monde criant : la paix ! la paix ! et faisant la
guerre à outrance ; enfin, tous les fléaux qui
fondent sur cette pauvre race humaine. Au milieu de tout cela, un Prince philosophe, qui
prend toujours bien son temps pour donner des
batailles et des opéras, qui sait faire la guerre,
la paix, et des vers et de la musique, qui réforme les abus de la Justice, et qui est le plus
bel esprit de l'Europe. Voilà à quoi je m'amuse,
Sire, quand je ne meurs point; mais je me
meurs fort souvent, et je souffre beaucoup plus
que ceux qui, dans cette funeste guerre, ont
attrapé de grands coups de fusil.

J'ai revu M. le duc de Richelieu, qui est
au désespoir de n'avoir pu faire sa cour au
Grand-Homme de nos jours; il ne s'en console
point; et moi, je ne demande à la nature un
mois ou deux de santé, que pour voir encore
une fois ce Grand-Homme avant d'aller dans le
pays où Achille et Thersite, Corneille et Danchet
sont égaux. Je serai attaché à Votre Majesté
jusqu'à ce beau moment où l'on va savoir à
point nommé ce que c'est que l'ame, l'infini,
la matière et l'essence des choses; et tant que je.

vivrai, j'admirerai et j'aimerai en vous l'honneur et l'exemple de cette pauvre espèce humaine.

VOLTAIRE.

LETTRE XII.

AU MÊME.

Versailles, ce 9 mars 1747.

SIRE;

Les Fileuses des destinées* ;
Les Parques ayant mille fois
Entendu des ames damnées
Parler là-bas de vos exploits,
De vos rimes si bien tournées,
De vos victoires, de vos lois,
Et de tant de belles journées,
Vous crurent le plus vieux des Rois.
Alors, des rives du Cocyte,

---

* Ces vers ont été imprimés ; mais la fin est toute différente dans l'original que nous rapportons : il se trouve aussi dans l'original beaucoup plus de prose, que nous publions aussi. Voyez la note à la fin de la lettre.

A Berlin vous rendant visite,
La Mort s'en vint avec le Temps,
Croyant trouver des cheveux blancs,
Front ridé, face décrépite,
Et discours de quatre-vingts ans.
Que l'inhumaine fut trompée !
Elle aperçut des blonds cheveux,
Un teint fleuri, de grands yeux bleus,
Et votre flute et votre épée :
Elle se souvint, par bonheur,
Qu'Orphée autrefois, par sa lyre,
Et qu'Alcide, pas sa valeur,
La bravèrent dans son empire*.
Dans vous, dans mon Prince elle vit
Le seul homme qui réunit
Les dons d'Orphée et ceux d'Alcide ;
Doublement elle vous craignit ;
Et baissant son dard homicide,
Pour aller saisir la personne
De quelque pesant cardinal,
Ou pour achever dans Lisbonne,
Le prêtre roi de Portugal.

Vraiment, Sire, je ne vous dirais pas de ces bagatelles rimées, et je serais bien loin de plaisanter, si votre lettre, en me rassurant, ne m'avait inspiré de la gaieté. La renommée, qui a toujours ses cent bouches ouvertes pour parler

---

* Voyez la variante qui, dans l'imprimé, termine cette pièce de vers.

des rois, et qui en ouvre mille pour vous, avait dit ici que Votre Majesté était à l'extrémité, et qu'il y avait très-peu d'espérance.

Cette nouvelle, Sire, vous aurait fait grand plaisir, si vous aviez vu comme elle fut reçue. Comptez qu'on fut consterné, et qu'on ne vous aurait pas plus regretté dans vos États. Vous auriez joui de toute votre renommée ; vous auriez vu l'effet que produit un mérite unique sur un peuple sensible ; vous auriez senti toute la douceur d'être chéri d'une nation qui, avec tous ses défauts, est peut-être dans l'univers la seule dispensatrice de la gloire. Les Anglais ne louent que les Anglais ; les Italiens ne font plus rien ; les Espagnols n'ont plus guère de héros, et n'ont pas un écrivain ; les *monades* de *Léibnitz* en Allemagne, et l'harmonie préétablie, n'immortaliseront aucun Grand-Homme. Vous savez, Sire, que je n'ai pas de préventions pour ma patrie ; mais, j'ose assurer, qu'elle est la seule qui élève des monumens à la gloire des Grands-Hommes qui ne sont pas nés dans son sein.

Pour moi, Sire, votre péril me fit frémir, et me coûta bien des larmes. Ce fût M. de *Paulmy* qui m'apprit que Votre Majesté se portait bien, et qui me rendit ma joie.

Je serais tenté de croire que les pillules de

Sthal doivent faire du bien au roi de Prusse ; elles ont été inventées à Berlin, et m'ont presque guéri en dernier lieu : si elles ont un peu raccommodé mon corps cacochyme, que ne feront-elles point au tempérament de mon Héros*?

Si quelque jour elles me rendent un peu de force, je vous demanderai assurément la permission de venir encore vous admirer; peut-être Votre Majesté ne serait-elle pas fâchée de me donner ses lumières sur ce qu'elle a fait et sur ce qu'elle pense de grand. Je lui jure qu'elle ne se plaindrait pas que j'eusse donné à madame la duchesse de Wurtemberg ce que je devais donner au grand Frédéric : elle a copié peut-être une page ou deux de ce que vous avez; mais il est impossible qu'elle ait ce que vous n'avez pas. Je vous jure encore que le reste est à Cirey, et n'est point fait du tout pour être à présent à Paris.

La Dame de Cirey, qui a été aussi alarmée que moi, vous demande la permission de vous témoigner sa joie et son attachement respectueux.

Vivez, Sire, vivez, Grand-Homme, et puis-

---

* Ici finit la lettre imprimée ; le reste n'a jamais été publié.

sai-je vivre pour venir encore une fois baiser
cette main victorieuse, qui a fait et écrit de
quoi aller à la postérité la plus reculée. Vivez,
vous qui êtes le plus Grand-Homme de l'Europe, et que j'oserai aimer tendrement jusqu'à
mon dernier soupir, malgré le profond respect
qui empêche, dit-on, d'aimer.

VOLTAIRE.

VARIANTE.

Après ce vers,

« La bravèrent dans son empire. »

Voltaire substitua les vers suivans à ceux qui
sont dans l'original :

Elle trembla quand elle vit
Ce Grand-Homme qui réunit
Les dons d'Orphée et ceux d'Alcide;
Doublement elle vous craignit,
Et, jetant son ciseau perfide,
Chez ses sœurs elle s'en alla;
Et pour vous le trio fila
Une trame toute nouvelle,
Brillante, dorée, immortelle,
Et la même que pour Louis;
Car vous êtes tous deux amis;

Tous deux vous forcez des murailles,
Tous deux vous gagnez des batailles
Contre les mêmes ennemis.
Vous régnez sur des cœurs soumis,
L'un à Berlin, l'autre à Versailles.
Tous deux un jour. . . . mais je finis.
Il est trop aisé de déplaire,
Quand on parle aux Rois trop long-temps :
Comparer deux Héros vivans
N'est pas une petite affaire.

Nota. A coup sûr, le parallèle, qui n'était pas fait sans dessein, est préférable aux quatre derniers vers de l'original.

LETTRE XIII.

AU MÊME.

1749.

SIRE,

Le jeune Darnaud, qui, par ses mœurs et par son esprit, paraît digne de servir Votre Majesté, me manda, il y a quelque temps, que vous aviez daigné vous souvenir du plus ancien serviteur que vous ayez en France, et de l'admirateur le plus passionné que vous ayez en

Europe. Mais, je ne suis pas né heureux. Je n'ai point reçu les ordres dont Votre Majesté m'honorait : j'étais en Lorraine, à la Cour du roi Stanislas ; je sais bien que tous les gens de bon sens demanderont pourquoi je suis à la Cour de Lunéville et non à celle de Berlin.

Sire, c'est que Lunéville est près des eaux de Plombières, et que je vais là souvent, pour faire durer encore quelques jours une vie, malheureuse machine, dans laquelle il y a une ame, qui est toute à Votre Majesté.

Je suis revenu de Lunéville à cet ancien Cirey, où vous m'avez donné tant de marques de vos bontés ; où nous avons vu votre ambassadeur Keiserling, dont nous déplorons la mort, et qui vous aimait si véritablement ; où nous avons vu vos portraits, en toile et en or ; et où nous parlons tous les jours des espérances que vous donniez dans ces temps là, et que vous avez tant passées depuis.

Enfin, Sire, le courrier, qui s'était chargé de votre paquet, ne l'a rendu ni à Lunéville, ni à Cirey : je le fais chercher partout ; et, en attendant, je vous expose ma douleur : il n'y a pas d'apparence que le paquet soit perdu ; mais il y a eu tant de contre-temps, que probablement je ne l'aurai de plus de quinze jours.

Soit prose, soit vers, je sens bien la perte que j'ai faite. J'ai appris que Votre Majesté n'abandonnait pas tout-à-fait la poésie; et, qu'en se donnant à l'histoire, elle se prêtait encore aux fictions : vous mettez, à vous instruire, et à instruire les hommes, un temps que d'autres perdent à suivre des chiens qui courent après un renard ou un cerf. Vous avez envoyé à M. de Maurepas des vers charmans : je vous assure qu'il n'y a aucun de nos ministres qui pût répondre, en vers, à Votre Majesté; et que tous les conseils des rois de l'Europe, pétris ensemble, ne pourraient pas seulement vous fournir une ode; à moins que Mylord Chesterfield ne fût du conseil d'Angleterre; encore ne vous donnerait-il que des vers anglais, dont Votre Majesté ne se soucie guère.

Pour moi, Sire, qui aime passionnément vos vers, et qui n'en fais plus guère, je me borne à la prose, en qualité de chétif historiographe. Je compte les pauvres gens qu'on a tués dans la dernière guerre; et je dis toujours vrai, à quelques milliers près : je démolis les villes de la barrière hollandaise : je donne une vingtaine de batailles qui m'ennuient beaucoup; et, quand tout cela sera fait, je ne ferai rien paraître; car, pour donner une histoire, il faut que les gens, qui peuvent vous démentir, soient morts.

J'ai vu un temps où Votre Majesté s'amusait à un pareil ouvrage; mais c'était César, qui fesait ses Commentaires; et, moi, je suis un commis de maison, qui extrait, dans les bureaux, les archives vraies ou fausses, des malheurs, des sottises et des méchancetés de notre siècle. Si Votre Majesté était curieuse de voir le commencement de ma bavardise historique, j'aurais l'honneur de le lui envoyer, en la suppliant très-humblement de daigner corriger l'ouvrage, de cette main qui écrit comme elle combat.

Les maux continuels auxquels je suis condamné pour ma vie, ne m'ont pas permis d'avancer beaucoup ma besogne. L'honneur d'entretenir Votre Majesté quelques heures, me fournirait plus de lumières que toutes les pancartes de nos ministres; mais je suis d'une faiblesse inconcevable, et Berlin est loin des eaux chaudes.

Je n'ai plus d'autre ressource que dans l'espérance d'un petit voyage de Votre Majesté, aux bains de Charlemagne, votre devancier, ou à quelques autres bains où l'on étouffe de chaud. En ce cas, je m'empaqueterais, pour avoir encore la consolation de voir Frédéric-le-Grand, avant de mourir, et pour rassasier mes yeux et mes oreilles.

Mais on passe sa vie à souhaiter, et à faire le contraire de ce qu'on voudrait faire : on peut bien répondre de ses sentimens, mais il n'y a personne qui puisse dire ce qu'il sera demain.

La destinée nous mène et se moque de nous. Ma destinée, Sire, sera de vous être attaché jusqu'au dernier soupir de ma vie, et je lui demande de me permettre de pouvoir voir encore le premier des Rois et des hommes. Je lui renouvelle mes très-profonds respects. Madame du Châtelet joint les siens.

VOLTAIRE.

LETTRE XIV*.

AU·MÊME.

A Cirey, 26 janvier 1749.

SIRE,

GRAND merci de ce que, dans votre ode sur votre Académie, vous daignez, aux chutes des

---

* Le commencement de cette lettre est imprimé ; c'est la LXXXIXe. de la *Correspondance*.

strophes, employer la mesure des trois petits
vers de trois pieds ou de six syllabes. Je croyais
être le seul qui m'en étais servi ; vous la cou-
sacrez : il y a peu de mesure, à mon gré, aussi
harmonieuse ; mais aussi, il y a peu d'oreilles
qui sentent ces délicatesses. Votre géomètre
borgne*, dont Votre Majesté parle, n'en sait
rien. Nous sommes, dans le monde, un petit
nombre d'adeptes qui nous y connaissons ; le
reste, n'en sait pas plus qu'un Géomètre suisse :
il faudrait que tous les adeptes fussent à votre
Cour.

J'avais, en quelque sorte, prévenu la lettre
de Votre Majesté, en lui parlant de la Cour de
Lorraine, où j'ai passé quelques mois, entre le
roi Stanislas et son apothicaire, personnage plus
nécessaire, pour moi, que son auguste maître,
fût-il souverain dans la cohue de Varsovie.

> J'aime fort cette Épiphanie
> Des trois Rois que vous me citez ;
> Tous trois diffèrent de génie,
> Tous trois, de moi, fort respectés.
> Louis, mon bienfaiteur, mon maître,
> M'a fait un fortuné destin ;
> Stanislas est mon médecin ;
> Mais, que Frédéric veut-il être ?

* Euler.

Vous daignez, Sire, vouloir que je sois assez heureux pour venir vous faire ma Cour? Moi! voyager pendant l'hiver, dans l'état où je suis! Plût à Dieu! mais, mon cœur et mon corps ne sont pas de la même espèce; et puis, Sire, pourrez-vous me souffrir? J'ai eu une maladie qui m'a rendu sourd d'une oreille, et qui m'a fait perdre mes dents. Les eaux de Plombières m'ont rendu languissant : voilà un plaisant cadavre à transporter à Postdam, et à passer à travers vos gardes!

Je vais me tapir à Paris, au coin du feu. Le Roi, mon maître, a la bonté de me dispenser de tout service. Si je me raccommode un peu cet hiver, il serait bien doux de venir me mettre à vos pieds au commencement de l'été : ce serait pour moi un rajeunissement; mais dois-je l'espérer? Il me reste un souffle de vie, et ce souffle est à vous : je voudrais me rendre à Berlin avec M. de Sechelles, que Votre Majesté connaît; elle en croirait peut-être plus un intendant d'armée, qui parle gras, et qui m'a rendu le service de faire arrêter, à Bruxelles, la nommée Desvignes, laquelle était encore saisie de tous les papiers qu'elle avait volés à Madame du Châtelet, et dont elle avait fait déjà marché avec les coquins de libraires d'Amsterdam : Votre Majesté pourrait très-aisement s'en informer. Je vous avoue, Sire, que j'ai été très-affligé que vous ayez soupçonné que j'eusse pu rien déguiser. Mais, si les libraires d'Amsterdam sont des fripons à pendre, le Grand-Frédéric, après tout, doit-il être fâché qu'on sache, dans la postérité, qu'il m'honorait de ses bontés ?

Pour moi, Sire, je voudrais n'avoir jamais rien fait imprimer ; je voudrais n'avoir écrit que pour vous, avoir passé tous mes jours à votre Cour, et passer encore le reste de ma vie à vous admirer de près. J'ai fait une très-grande sottise de cultiver les lettres, pour le public : il faut mettre cela au rang des vanités dangereuses dont vous parlez si bien ; et, en vérité, tout est vanité, hors de passer ses jours auprès d'un homme tel que vous.

Faites comme il vous plaira ; mais mon admiration, mon très-profond respect, mon tendre attachement, ne finiront qu'avec ma vie.

VOLTAIRE.

LETTRE XV.

AU MÊME.

1749.

SIRE,

Ce n'est pas le tout d'être roi, et d'être Grand-Homme en une douzaine de genres; il faut secourir les malheureux qui vous sont attachés. Je suis arrivé à Paris paralytique, et je suis encore dans mon lit. Vespasien guérit bien un aveugle; vous valez mieux que lui. Pourquoi ne me guéririez-vous pas? Je n'ai encore trouvé rien qui me fît plus de bien, que les vraies pillules de Sthal, et nous n'en avons à Paris que de mal contrefaites. Je vois bien que tout mon salut est à Berlin. Votre Majesté me dira, peut-être, que le roi Stanislas est *mon médecin*, et elle me renverra à lui. Sire, je prends le roi Stanislas pour mon médecin, et le roi de Prusse pour mon sauveur.

Je supplie Votre Majesté de daigner m'envoyer une livre des vraies pillules de Sthal;

8*

elle peut ordonner qu'on me l'adresse par la poste, sous l'enveloppe de M. de la Reynière, fermier-général des postes de France; si elle n'aime encore mieux m'envoyer ce petit restaurant par les sieurs Metra, comme elle fesait autrefois *.

Mettez-moi, Sire, en état de pouvoir vous faire ma cour au commencement de cet été; ce serait ce voyage-lá qui me donnerait encore quelques années de vie. Je viendrais ranimer, auprès de mon soleil, le feu de mon ame qui s'éteint.

> Le flambeau du fils de Japet
> Et la fontaine de Jouvence,
> Feraient sur moi bien moins d'effet,
> Que deux jours de votre présence.

Recevez, Sire, avec votre bonté ordinaire, l'attachement, le profond respect, l'admiration de votre ancien serviteur, de votre ancien protégé, de celui dont l'ame a toujours été à genoux devant la vôtre.

VOLTAIRE.

* Voy. la réponse du Roi: *Correspondance*, Lett. XCVI.

LETTRE·XVI.

AU MÊME.

A Paris, 17 mars 1749.

SIRE,

CET éternel malade répond, à la fois, à deux lettres de Votre Majesté. Dans votre première*, vous jugez de Catilina avec ce même esprit, qui fait que vous gouvernez bien un vaste royaume; et vous parlez comme un homme qui connaît à fond les gens qui gouvernaient autrefois le monde, et que Crébillon a défigurés. Vous aimez *Rhadamiste* et *Électre*. J'ai la même passion que vous, Sire : je regarde ces deux pièces comme des ouvrages vraiment tragiques, malgré leurs défauts, malgré l'amour d'Itys et d'Iphianasse, qui gâtent et qui refroidissent un des beaux sujets de l'antiquité, malgré l'amour d'Arsame,

---

* *Correspondance du Roi*, Lettre CXIV.

malgré beaucoup de vers, qui pèchent contre la langue et contre la poésie. Le tragique et le sublime l'emportent sur tous ces défauts et qui sait concevoir, sait tout.

Il n'en est pas ainsi de la *Sémiramis*. Apparemment Votre Majesté ne l'a pas lue. Cette pièce tomba absolument; elle mourut dans sa naissance, et n'est jamais ressuscitée. Elle est mal écrite, mal conduite, et sans intérêt. Il me sied mal, peut-être, de parler ainsi; et je ne prendrais pas cette liberté, s'il y avait deux avis sur cet ouvrage proscrit au théâtre. C'est même, parce que cette *Sémiramis* était absolument abandonnée, que j'ai osé en composer une. Je me garderais bien de faire *Rhadamiste* et *Électre*.

J'aurai l'honneur d'envoyer bientôt à Votre Majesté ma *Sémiramis*, qu'on rejoue à présent avec un succès dont je dois être content. Vous la trouverez fort différente de l'esquisse que j'eus l'honneur de vous envoyer il y a quel-années. J'ai tâché d'y répandre toute la terreur du théâtre des Grecs, et de changer les Français en Athéniens. Je suis venu à bout de la métamorphose, quoique avec peine. Je n'ai guère vu la terreur, la pitié, soutenue de la magnificence du spectacle, faire un plus grand effet. Sans la crainte, et sans la pitié, point de tragédies, Sire ! voilà pourquoi *Zaïre* et *Alzire* arrachent toujours des larmes, et sont toujours redemandées. La religion, combattue par les passions, est un ressort que j'ai employé; et c'est un des plus grands pour remuer les cœurs des hommes. Sur cent personnes, il se trouve à peine un philosophe; et encore sa philosophie cède à ce charme et à ce préjugé, qu'il combat dans le cabinet.

Croyez-moi, Sire; tous les discours politiques, tous les profonds raisonnemens, la grandeur, la crainte, sont peu de chose au théâtre : c'est l'intérêt qui fait tout; et sans lui, il n'y a rien. Point de succès dans les représentations, sans la crainte et la pitié; mais point de succès dans le cabinet, sans une versification toujours correcte et toujours harmonieuse, et soutenue de la poésie d'expression. Permettez-moi, Sire, de dire que cette pureté et cette élégance manquent absolument à *Catilina* : il y a, dans cette pièce, quelques vers nerveux; mais il n'y en a jamais dix de suite, où il n'y ait des fautes contre la langue, où dans lesquels cette élégance ne soit sacrifiée.

Il n'y a certainement pas de Roi dans le monde qui sente mieux le prix de cette élégance harmonieuse, que Frédéric-le-Grand :

qu'il se ressouvienne des vers où il parle d'A-
lexandre, son devancier, dans une épître morale, et qu'il compare à ces vers, ceux de *Catilina*, il verra s'il retrouve dans l'auteur français,
le même nombre et la même cadence qui sont
dans les vers d'un Roi du nord, qui m'éton-
nèrent. Quand je dis qu'il n'y a point de Roi
qui sente ce mérite comme Votre Majesté,
j'ajoute qu'il y a aussi peu de connaisseurs à
Paris, qui aient plus de goût, et aucun auteur,
qui ait plus d'imagination.

Votre apologie des Rois a un autre mérite
que celui de l'imagination; elle a la profondeur,
la vérité et la nouveauté.

J'étais occupé à corriger une ancienne épître
sur l'égalité des conditions, et je fesais quelques
vers précisément sur le même sujet, lorsque
j'ai reçu votre épître à Darget; j'effleurais en
passant ce que vous approfondissez.

Votre Majesté a bien raison de dire que je ne
trouverai ni clinquant, ni crême fouettée dans
cet ouvrage : c'est le chef-d'œuvre de la raison;
elle est remplie d'images vraies et bien peintes.
Ne me dites pas, Sire, que je vous parle en
courtisan; quand il s'agit de vers, je ne connais
personne. Je révère, comme je le dois, Frédéric-le-Grand, qui a délivré son royaume des

procureurs, et qui a donné la paix dans Dresde ; mais je parle ici à mon confrère en Apollon ; je ne suis pas sévère sur la rime d'*ennuis* et *soucis*.

On ne se sert du mot *desservir* que pour une chapelle, un bénéfice : on ne l'emploie pas même pour la messe ; car on dit *servir* la messe, et non pas la *desservir*.

Ainsi, les différens emplois qui *desservent la Cour*, les *finances*, les *lois*, est une expression vicieuse ; mais elle est aisée à corriger.

« Et lorsque dans les fers on pense l'enchaîner,

« Il s'échappe, et revient hardiment vous braver. »

Braver et *enchaîner* ne riment pas ; il faudrait *captiver*. Enchaîner dans des fers est un pléonasme ; enchaîner seul suffit.

On ne dit pas faire l'or, ou faire de l'or, comme on dit cuire du pain, bâtir des maisons, et non cuire le pain, faire le velours, bâtir les maisons, à moins que ce *les* ne se rapporte à quelque chose qui précède ou qui suit.

D'ailleurs, en vers, il y a toujours plus de mérite à faire entendre les choses connues qu'à les nommer. Molière, par exemple, dans le style même familier, au lieu de faire dire à un de ses personnages : « *Vous faites de l'or apparement* », le fait parler ainsi :

> « Vous avez donc trouvé cette bénite pierre,
> « Qui peut seule enrichir tous les rois de la terre. »

Dans un des plus beaux morceaux de cette épitre excellente, vous dites la *haine embrasée*; ce mot est impropre. La haine peut embraser des villes et même des cœurs; mais la personne de la haine ne peut être embrasée; elle est ardente, étincelante, implacable, funeste, etc.

Privilégiés est de cinq syllabes, et non de quatre; et c'est un mot dont les syllabes sourdes et maigres déplaisent à l'oreille : il ne doit point entrer dans la poésie.

Tout trafic est rompu : on rompt un traité; on interrompt, on arrête, on ruine, on fait languir le trafic.

D'ailleurs, le *trafic* d'honneur et de droiture est une expression qui veut dire la mauvaise foi. Votre intention est de dire : tout *commerce d'honneur est détruit*. Or, *trafic* est un terme qui signifie vendre son honneur, et c'est précisément le contraire que vous entendez.

Si vous dites :

Tout commerce est détruit d'honneur et de droi-

ture, ou quelque chose de semblable, cette faute ne subsistera plus.

> Un monarque insensible et presque inanimé,
> D'un marbre dur et blanc doit bien être estimé.

Il me semble par cette construction, que le monarque doive être estimé par un marbre dur et blanc.

On peut aisément encore corriger cette faute. Vous voyez que je ne suis pas si courtisan, et que je vous dis la vérité, parce que vous en êtes digne.

C'est avec la même sincérité que je vous dirai combien j'admire cette épître, la sagesse qui y règne, le tour aisé et agréable, les vers bien frappés, les transitions heureuses, tout l'art d'un homme éloquent, et toute la finesse d'un homme dont l'esprit est supérieur. Vous êtes le seul homme sur la terre qui sachiez employer ainsi votre peu de loisir. C'est Achille qui joue de la flûte, en revenant de battre les Troyens. Les Autrichiens valent bien les troupes de Troye, et votre livre est bien au-dessus de la flûte d'Achille.

Voilà une lettre bien longue pour être adressée à un Roi, et pour être écrite par un malade ; mais vous me ranimez un peu ; votre génie et

vos bontés font sur moi plus d'effet que les pillules de Sthal.

J'ai pris la liberté de demander à Votre
Majesté des pillules, parce qu'elles m'ont fait
du bien. Je ne crois que faiblement aux médecins, mais je crois aux remèdes qui m'ont
soulagé. Le roi Stanislas me donnait des bonnes
pillules de votre royaume, à Lunéville. Il y a
un peu d'insolence à faire de deux Rois ses
apothicaires; mais ils auront la bonté de me le
pardonner.

Si la nature traite mon individu cet été comme
cet hiver, il n'y a pas d'apparence que j'aie la
consolation de me mettre encore aux pieds de
l'immortel et de l'universel Frédéric-le-Grand;
mais, s'il me reste un souffle de vie, je l'em-
ploierai à venir lui faire ma cour. Je veux voir
encore une fois au moins ce Grand-Homme. Je
vous ai aimé tendrement; j'ai été fâché contre
vous; je vous ai pardonné; et actuellement,
je vous aime à la folie. Il n'y a jamais eu de
corps si faible que le mien, ni d'ame plus sensible; j'ose enfin vous aimer autant que je vous
admire.

Une fille, jeune et belle ou non. Vraiment
c'est bien là ce qu'il me faut! J'ai besoin de
fourrure en été, et non de fille : il me faut un

bon lit, mais pour moi tout seul, une seringue et le roi de Prusse.

Je me porte trop mal, pour envoyer des vers à Votre Majesté; mais en voici qui valent mieux que les miens; ils sont d'un capitaine dans les gardes du roi Stanislas; ils sont adressés au prince de Beauvau; l'auteur, nommé St.-Lambert, prend un peu ma tournure, et l'embellit.

Il est comme vous, Sire; il écrit dans mon goût. Vous êtes mes élèves en poésie; mais les élèves sont bien supérieurs, pour l'esprit, au pauvre vieux maître poëte.

Songez combien vous devez avoir de bonté pour moi, en qualité de mon élève dans la poésie, et de mon maître dans l'art de penser.

VOLTAIRE.

LETTRE XVII.

A Versailles, 29 avril 1749.

SIRE,

Vous vous plaignez que je vous traite avec trop de douceur*: il est vrai que je ne dis pas des duretés à Votre Majesté; mais quand je loue et que je cite ce qui m'a paru bon dans les ouvrages qu'elle daigne me communiquer, n'est-ce pas vous dire la vérité? n'est-ce pas vous prier de la chercher et de la sentir vous-

---

* Le roi s'était plaint en ces termes:

13 février 1749.

J'espérais qu'à vos lettres vous joindriez une critique de mes pièces, comme vous en usiez autrefois, lorsque j'étais habitant de Rémusberg où le pauvre Keyserling, que je regrette, vous admirait; mais Voltaire, devenu courtisan, ne sait que donner des éloges; le métier en est, je l'avoue, moins dangereux. . . . . Ayez la bonté de ne point m'épargner; je sens que je pourrai faire mieux, mais il faut que vous me disiez comment.

même ? n'est-ce pas à celui qui les a faits d'en apercevoir la différence ?

Par exemple, ce morceau-ci dans votre épître, à S. A. R. la margrave de Bareith, est excellent, et vous devez, en le relisant, vous rendre à vous-même ce témoignage :

« Il n'est rien de plus grand, *dans ton sort glorieux**,
« Que ce vaste pouvoir de faire des heureux,
« Ni rien de plus divin dans ton beau caractère,
« Que cette volonté toujours prête à les faire,
« Osait dire à César ce consul orateur
« Qui de Ligarius se rendit protecteur ;
« Et c'est à tous les rois qu'il paraît encore dire :
« Pour faire des heureux, vous occupez l'empire.
« Astres de l'univers, votre éclat est pour vous ;
« Mais de vos doux rayons l'influence est pour nous. »

Vous devez sentir que, dans tous ces vers, la rime, la césure, le nombre ne coûtent rien au sens, que la netteté de la construction en augmente la force. Les deux derniers, surtout, sont admirables. Je ne vous dirai pas que Votre Majesté doive trouver mauvais que j'aie lu ce morceau singulier au roi Stanislas qui, au moins, fait de la prose, et à la Reine sa fille ; elle a été bien étonnée. Ce ne sont pas

* Il faudrait pourtant un hémistiche moins faible. *Note de Voltaire.*

là des vers de Roi, ce sont des vers du Roi des poëtes. Voilà comment il en faut faire. Une douzaine de vers dans ce goût marquent plus de génie, et font plus de réputation que cent mille vers médiocres. D'ailleurs, je n'en laisse point tirer de copie, et jamais aucun des vers que vous avez daigné m'envoyer n'a couru; mais ceux-ci mériteraient d'être sus par cœur.

Voilà donc des pièces de comparaison que vous vous êtes faites vous-même; voilà votre poids du sanctuaire; pesez à ce poids tous les vers que vous ferez, et surtout avant que d'en envoyer à nos ministres; et soyez bien sûr qu'ils ne s'intéressent pas tant à ce petit avantage, aux charmes de ce talent et à votre personne que moi, et que je me connais mieux en vers qu'eux.

Quand vous avez fait un morceau aussi parfait que celui que je viens de citer, ne sentez-vous pas dans le fond de votre cœur combien cet art des vers est difficile! Je vous en crois convaincu; mais si vous ne l'étiez pas, je vous prierais de relire votre lettre à Darget, que je renvoie à Votre Majesté, soulignée et chargée de notes: ne croyez pas que j'aie tout remarqué, dites-vous à vous-même tout ce que je ne vous dis point; examinez ce que j'ose vous dire, et puis, Sire, si vous l'osez, accusez-moi d'en agir avec trop de douceur.

Pourquoi vous parlé-je aujourd'hui si franchement ? Pourquoi vous fais-je des critiques si détaillées ? Pourquoi dorénavant vous traiterai-je durement (si cela ne déplaît pas à la Majesté)? c'est que vous en êtes digne; c'est que vous avez fait des choses excellentes ; je ne dis pas excellentes pour un homme de votre rang, qu'on loue d'ordinaire comme on loue les enfans, je dis excellentes pour le meilleur de nos académiciens.

Vous avez un prodigieux génie, et ce génie est cultivé; mais si dans l'heureux loisir que vous vous êtes procuré avec tant de gloire, vous continuez à vous occuper des belles-lettres, si cette passion des grandes ames vous dure, comme je l'espère, si vous voulez vous perfectionner dans toutes les finesses de notre langue et de notre poésie, à qui vous faites tant d'honneur, il faudrait que vous eussiez la bonté de travailler avec moi deux heures par jour pendant six semaines ou deux mois; il faudrait que je fisse, avec Votre Majesté, des remarques critiques sur nos meilleurs auteurs. Vous m'éclaireriez sur tout ce qui est du ressort du génie, et je ne vous serais pas inutile sur ce qui dépend

de la mécanique, et sur ce qui appartient au
langage, et surtout aux différens styles. La
connaissance profonde de la poésie et de l'éloquence demande toute la vie d'un homme; je
n'ai fait que ce métier, et, à l'âge de cinquante
ans, j'apprends tous les jours. Ces occupations
vaudraient bien des parties de jeu, ou des parties de chasse. Les amusemens de Frédéric-le-
Grand doivent être ceux de Scipion.

Si vous me permettez alors d'entrer dans les
détails, j'ose croire que vous conviendrez que la
Sémiramis ancienne, dont Votre Majesté me
parle, ne vaut rien du tout, et que le public,
qui jamais ne s'est trompé à la longue, ni sur les
Rois ni sur les auteurs, a eu très-grande raison
de la réprouver. Et pourquoi l'ont-ils con-
damnée unanimement? C'est que l'amour d'une
mère pour son fils, cet amour, qui brave les
remords, est révoltant, odieux. L'amour de
Phèdre avait besoin de remords dans Euripide
et Racine, pour trouver grâce, pour intéresser.
Comment voulez-vous donc qu'on supporte l'a-
mour d'une mère, quand, d'ailleurs, il joint à
l'horreur d'un inceste dégoûtant, la fadeur des
expressions d'une amour de ruelle, jointe à un
style toujours dur et vicieux. Qu'est-ce qu'un
Bélus, qui parle toujours des Dieux et de vertu,

en faisant des actions de malhonnête homme ?
Quelle conspiration que la sienne ? Comme elle
est embrouillée et peu vraisemblable ! Comme le
roman sur lequel tout cela est bâti, est mal tissu,
obscur et puéril ! Enfin, quelle versification !
Voilà, Sire, les raisons qui justifient notre public.
Depuis trente ans que cette pièce fut donnée,
comment pouvez-vous soupçonner qu'une cabale eût fait tomber cet ouvrage ? Tous les Rois
de la terre ne seraient pas assez puissans pour
gouverner, pendant trente ans, le parterre de
Paris. Passe pour quelques représentations. On
ne s'acharne point contre Crébillon, en disant
ainsi avec tout le monde, que ce qui est mauvais
est mauvais. On lui rend justice, comme lorsque
on loue les belles choses qui sont dans *Électre*
et dans *Rhadamiste* : je vous parle de lui avec
la même vérité, que je parle à Votre Majesté
de vous-même.

Ne-croyez pas non plus que dans notre Académie nous nous reprochions sans cesse nos
incorrections : nous avons trouvé très-peu de
fautes contre la pureté de la langue, dans Racine, dans Boileau, dans Pascal; et ces fautes,
qui sont légères, ne dérobent rien à l'élégance,
à la noblesse, à la douceur du style. L'Académie de la Crusca a repris beaucoup de fautes

9*

dans le Tasse; mais elle avoue qu'en général le style du Tasse est fort bon.

Je ne parlerai ici de moi que par rapport à mes fautes; j'en ai laissé échapper beaucoup de ce genre, et je les corrige toutes; car actuellement je m'occupe à revoir toute l'édition de Dresde. Je change souvent des pages entières, afin de n'être pas indigne du siècle dans lequel vous vivez.

J'ai eu en dernier lieu une attention scrupuleuse à écrire correctement ma dernière tragédie; cependant, après l'avoir revue avec sévérité, j'avais encore laissé trois fautes considérables contre la langue, que l'abbé d'Olivet m'a fait corriger. La difficulté d'écrire purement dans notre langue, ne doit pas vous rebuter; vous êtes parvenu, Sire, au point, où beaucoup d'auteurs de Versailles ne parviendront jamais. Il vous reste peu de pas à faire; vous avez arraché les épines, il ne vous coûtera guère de cueillir les roses, et votre puissant génie triomphe des petits détails comme des grandes choses; mais, j'ai bien peur que vous n'alliez cueillir des lauriers aux dépens des Russes, au lieu de cultiver en paix ceux du Parnasse.

Votre Majesté ne m'a point envoyé l'épître à M. Algarotti; je crois qu'à la place, on a mis dans le paquet, une seconde copie de celle à M. Darget.

Je me mets aux pieds de Votre Majesté.

VOLTAIRE.

LETTRE XVIII.

AU MÊME.

A Cirey, ce 29 juin 1749*.

SIRE,

Votre Muse à propos s'irrite
Contre ce vilain Bestuchef ;
Et ce gros buffle moscovite,
Qui voulait nous porter méchef,
Est traité selon son mérite.

Je crois qu'autrefois Apollon,
Avant que d'un trait redoutable
Il perçât le serpent Pithon,
Fit contre lui quelque chanson,
Ou quelque épigramme agréable.

* C'est la réponse à la XCIX°. lettre du roi de Prusse à Voltaire ; *Correspondance*, édition de Kehl.

De ce Dieu beaucoup vous tenez;
Vous avez ses traits et sa lyre;
Vous battez et vous chansonnez
Les ennemis de votre empire.

SIRE, on ne peut guère dire des choses plus fortes aux Moscovites, ni faire de meilleures plaisanteries sur les médecins, que ce que j'ai lu dans les derniers vers que Votre Majesté a bien voulu m'envoyer.

Bien est-il vrai qu'il y a toujours quelques petites fautes contre la langue, qui échappent à la rapidité de votre style, et à la beauté de votre imagination.

Quel est le feu céleste,
Ou quelle ardeur funeste
Embrasa ces glaçons?

M. le maréchal de Belle-Isle, qui est à présent l'un de nos quarante, vous dira qu'après ce vers:

« Quel est le feu céleste, »

il faudrait un *qui*; ou bien il vous dira qu'on aurait pu mettre:

Quelle flamme funeste,
Infernale ou céleste,
Embrasa ces glaçons?

La strophe qui suit est admirable; mais des critiques sévères vous diront que la discorde ne vomit guère de tisons. J'examinerais auprès de vous ces grandes beautés et ces petites fautes, si je pouvais partir, comme Votre Majesté me l'ordonne, et comme je le souhaite; mais ni M. Bartenstein, ni M. Bestuchef, tout puissant qu'ils sont, ni même Frédéric-le-Grand, qui les fait tous trembler, ne peuvent, à présent, m'empêcher de remplir un devoir que je crois très-indispensable.

Je ne suis ni feseur d'enfans, ni médecin, ni sage-femme, mais je suis ami, et je ne quitterai pas, même pour Votre Majesté, une femme qui peut mourir au mois de septembre. Ses couches ont l'air d'être fort dangereuses; mais, si elle s'en tire bien, je vous promets, Sire, de venir vous faire ma cour au mois d'octobre. Je tiens toujours pour mon ancienne maxime, que, lorsque vous commandez à une ame, et que cette ame dit à son corps : *marche*; le corps doit aller, quelque chétif qu'il soit. En un mot, Sire, sain ou malade, je m'arrange pour partir en octobre, et pour arriver tout fourré auprès du Salomon du Nord; me flattant que, dans ce temps-là, vous n'assiégerez point Péters-bourg; que vous aimerez les vers, et que vous me donnerez vos ordres. Je remercie très-fort la Providence, de ce qu'elle ne veut pas que je quitte ce monde avant de m'être mis à vos pieds.

VOLTAIRE.

LETTRE XIX.

AU MÊME.

A Lunéville, ce 28 juillet 1749.

SIRE,

Votre Majesté m'a ramené à la poésie : il n'y a pas moyen d'abandonner un art que vous cultivez. Permettez que j'envoie à Votre Majesté une épître un peu longue que j'ai faite avant mon départ de Paris, pour une de mes nièces, qui est aussi possédée du démon de la poésie*. Vous y verrez, Sire, la vie de Paris, peinte assez au naturel. Celle qu'on mène à Postdam, auprès de Votre Majesté, est un peu différente ; et j'attends vos ordres, pour jouir encore de l'honneur que vous daignez me faire. Sain ou malade, il n'importe ; je vous ai promis que j

---

* Épître LXIV, tome 13, *OEuvres complètes*.

partirais dès que madame du Châtelet serait
relevée de couche : ce sera probablement pour
le milieu de septembre, ou, au plus tard, pour
la fin; ainsi, je ferai bientôt, pour voir mon
Auguste, un voyage un peu plus long que
Virgile n'en fesait pour voir le sien. J'apporterai à vos pieds tout ce que j'ai fait, et vous
daïgnerez me communiquer vos ouvrages; après
cela, je mourrai content, et je pourrai bien
me faire enterrer dans votre Église catholique.
Un Anglais fit mettre sur son tombeau : « Cy
gist l'amy du chevalier Sidney ». Je ferai mettre
sur le mien : « Cy gist l'admirateur de Frédéric-
le-Grand ».

Il n'y a pas long-temps qu'un Prince, en
lisant une nouvelle édition qu'on vient de faire
de votre *Anti-Machiavel*, fut fâché de ce que vous
dites de Charles XII. « Il a beau faire, dit-il en
colère, il ne l'effacera pas ». On lui répondit :
« Charles XII a été le premier des grenadiers;
et le roi de Prusse est le premier des Rois ».

Croyez, Sire, que mon enthousiasme pour
vous a toujours été le même; et que, si vous
étiez roi des Indes, je ferais le voyage de Lahor
et de Dély. Croyez que rien n'égale le profond
respect et l'éternel attachement de

VOLTAIRE.

LETTRE XX.

AU MÊME.

A Lunéville en Lorraine, ce 31 août 1749.

SIRE,

J'ai le bonheur de recevoir votre lettre datée de votre *Tusculum* de Sans-Souci, du Linterne de *Scipion**. Je suis bien consolé que mon agonie vous amuse; ceci est le chant du cygne; je fais les derniers efforts. J'ai achevé l'esquisse entier de *Catilina*, tel que Votre Majesté en a vu les prémices dans le premier acte : j'ai depuis commencé la tragédie d'*Électre*, que je voudrais bien venir, au plus vite, achever à Sans-Souci.

Je roule aussi de petits projets dans ma tête, pour donner plus d'énergie à notre langue; et je pense que, si Votre Majesté voulait m'aider, nous pourrions faire l'aumône à cette langue

---

* Lettre du Roi, du 15 août 1749; *Correspondance*.

française, à cette gueuse pincée, dédaigneuse, qui se complaît dans son indigence.

Votre Majesté saura qu'à la dernière séance de notre Académie, où je me trouvais pour l'élection du Maréchal de Belle-Isle, je proposai cette petite question : peut-on dire, *un homme soudain dans ses transports, dans ses résolutions, dans sa colère*, comme on dit, *un événement soudain ?* Non, répondit-on ; car soudain n'appartient qu'aux choses inanimées. Ah ! Messieurs, l'éloquence ne consiste-t-elle pas à transporter les mots d'une espèce dans l'autre ? N'est-ce pas à elle d'animer tout ? Messieurs, il n'y a rien d'inanimé pour les hommes éloquens. J'eus beau faire, Sire ; Fontenelle, le Cardinal de Rohan, mon ami, l'ancien Évêque de Mirepoix, jusqu'à l'abbé d'Olivet, tout fut contre moi : je n'eus que deux suffrages pour mon *soudain*.

Croit-on, Sire, que si M. Bestuchef ou Bartenstein disait de Votre Majesté :

Profond dans ses desseins, soudain dans ses efforts,
De notre politique il rompt tous les efforts.

Croit-on, dis-je, que M. Bartenstein ou Bestuchef s'exprimerait d'une manière peu correcte ? Si on laisse faire notre Académie, elle appauvrira notre langue, et je propose à Votre Majesté de l'enrichir : il n'y a que le génie qui soit assez riche pour faire de telles entreprises ; le purisme est toujours pauvre.

Madame du Châtelet n'est point encore accouchée : elle a plus de peine à mettre au monde un enfant qu'un livre. Tous nos accouchemens, Sire, à nous autres poëtes, sont plus difficiles, à mesure que nous voulons faire une bonne besogne. Les vers didactiques surtout, se font plus difficilement que les autres : voilà matière à dissertation, quand je serai à vos pieds.

Votre Majesté se souvient d'un certain *Anti-Machiavel* dont on a fait une vingtaine d'éditions. Une de ces éditions est tombée entre les mains du Roi, à la Cour de qui on accouche. Il y a deux endroits où l'on rend une justice un peu sévère au roi de Suède, et où le Monarque, dont j'ai l'honneur de vous parler, est traité un peu légèrement. Il y est infiniment sensible, et d'autant plus, qu'il sent que le coup part d'une main trop respectable, et faite pour peser les hommes. Vous vous en tirerez, Sire, comme vous voudrez, parce que les héros ont toujours beau jeu ; mais moi, qui ne suis qu'un pauvre diable, j'essuie tout l'orage, et l'orage a été assez fort.

Autre affaire. Il a plu à mon cher *Isaac Onis*

(le marquis d'*Argens*), fort aimable chambellan de Votre Majesté, et que j'aime de tout mon cœur, d'imprimer que j'étais très-mal dans votre Cour, je ne sais pas trop sur quoi fondé; mais la chose est moulée, et je la pardonne de tout mon cœur à un homme que je regarde comme le meilleur enfant du monde.

Mais, Sire, si le maître de la chapelle du Pape avait fait imprimer que je ne suis pas bien auprès du Pape, je demanderais des *agnus* et des bénédictions à sa Sainteté. Votre Majesté m'a donné des pillules qui m'ont fait beaucoup de bien; c'est un grand point; mais si elle daigne m'envoyer une demi-aune de ruban noir, cela me servirait mieux qu'un scapulaire. Le Roi, auprès de qui je suis, ne pourra m'empêcher de courir vous remercier. Personne ne pourra me retenir.

Ce n'est pas, assurément, que j'aie besoin d'être mené en lesse par vos faveurs, et je vous jure que j'irai bien me mettre aux pieds de Votre Majesté, sans ficelle et sans ruban; mais je peux assurer Votre Majesté que le souverain de Lunéville a besoin de ce prétexte pour n'être pas fâché contre moi de ce voyage. Il a fait une espèce de marché avec Mme. du Châtelet, et je suis, moi, une des clauses du marché: je suis logé dans sa maison, et tout libre qu'est un animal de ma sorte, il doit quelque chose au beau-père de son maître.

Voilà mes raisons, Sire; j'ajouterai que je vous étais tendrement attaché, avant qu'aucun de ceux que vous avez comblés de bienfaits eussent été connus de Votre Majesté, et que je vous demande une marque qui puisse apprendre à Lunéville, et sur la route de Berlin, que vous daignez m'aimer. Permettez-moi encore de dire que la charge que je possède auprès du Roi, mon maître, étant un ancien office de la Couronne, qui donne les droits de la plus ancienne noblesse, est non-seulement très-compatible avec l'honneur que je vous demande, mais m'en rend plus susceptible : enfin, c'est l'ordre du mérite, et je veux tenir mon mérite de vos bontés. Au reste, je me dispose à partir le mois d'octobre prochain ; et que j'aie du mérite ou non, je suis à vos pieds.

VOLTAIRE.

LETTRE XXI.

AU MÊME.

A Paris, 15 octobre 1749.

SIRE,

Je viens de faire un effort, dans l'état affreux où je suis, pour écrire à M. d'Argens; j'en ferai bien un autre pour me mettre aux pieds de Votre Majesté.

J'ai perdu un ami de vingt-cinq années, un grand-homme, qui n'avait de défaut que d'être femme, et que tout Paris regrette*. On ne lui a pas, peut-être, rendu justice pendant sa vie; et vous n'avez peut-être pas jugé d'elle comme vous auriez fait, si elle avait eu l'honneur d'être connue de Votre Majesté. Mais une femme qui a été capable de traduire *Neuton et Virgile*, et qui avait toutes les vertus d'un honnête homme, aura sans doute part à vos regrets.

---

* La marquise du Châtelet, dont Voltaire attribuait la mort à M. de Saint-Lambert.

L'état où je suis, depuis un mois, ne me laisse guère d'espérance de vous servir jamais ; mais je vous dirai hardiment, que, si vous connaissiez mieux mon cœur, vous pourriez aussi avoir la bonté de regretter un homme qui, certainement, dans Votre Majesté, n'avait aimé que votre personne.

Vous êtes Roi, et par conséquent accoutumé à vous défier des hommes : vous avez pensé, par ma dernière lettre, ou que je cherchais une défaite pour ne pas venir à votre Cour, ou que je cherchais un prétexte pour vous demander une légère faveur : encore une fois, vous ne me connaissez pas. Je vous ai dit la vérité, et la vérité la plus connue à Lunéville. Le roi de Pologne, Stanislas, est sensiblement affligé, et je vous conjure, Sire, de sa part et en son nom, de permettre une édition de l'*Anti-Machiavel*, où l'on adoucira ce que vous avez dit de Charles XII et de lui : il vous en sera très-obligé ; c'est le meilleur Prince qui soit au monde ; c'est le plus passionné de vos admirateurs. J'ose croire que Votre Majesté aura cette condescendance pour sa sensibilité, qui est extrême.

Il est encore très-vrai que je n'aurais jamais pu le quitter pour venir vous faire ma cour, dans le temps que vous l'affligiez et qu'il se plaignait de vous. J'imaginai le moyen que je proposai à Votre Majesté : je crus et je crois encore ce moyen très-décent et très-convenable. J'ajoute aussi que j'aurais dû attendre que Votre Majesté daignât me prévenir elle-même sur la chose dont je prenais la liberté de lui parler.

Cette faveur était d'autant plus à sa place, que j'ose vous répéter encore ce que je mande à M. d'Argens. Oui, Sire, M. d'Argens a constaté, a relevé le bruit qui a couru que Votre Majesté me retirait ses bonnes grâces; oui, il l'a imprimé. Je vous ai allégué cette raison, qu'il aurait dû appuyer lui-même; il devrait vous dire : Sire, rien n'est plus vrai, le bruit a couru, j'en ai parlé; voilà l'endroit de mon livre où je l'ai dit, et il sera digne de la bonté de Votre Majesté de faire cesser ce bruit, en appelant pour quelque temps à votre Cour un homme qui m'aime et qui vous adore, et en l'honorant d'une marque de votre protection.

Mais, au lieu de lire attentivement l'endroit de ma lettre à Votre Majesté, où je le citais, au lieu de prendre cette occasion de m'appeler auprès de vous, il me fait un *quiproquo* où l'on n'entend rien ; il me parle de libelles, de querelles d'auteur; il dit que je me suis plaint à Votre Majesté *qu'il ait dit* de moi *des choses injurieuses* ; en un mot, il se trompe, et il me gronde, et il a tort ; car il sait bien ce que je vous ai dit dans ma lettre, que *je l'aime de tout mon cœur.*

Mais vous, Sire, avez-vous raison avec moi ? vous êtes un très-grand Roi, vous avez donné la paix dans Dresde : votre nom sera grand dans tous les siècles ; mais toute votre force et toute votre puissance ne vous mettent pas en droit d'affliger un cœur qui est tout à vous. Quand je me porterais aussi bien que je me porte mal, quand je serais à dix lieues de vos Etats, je ne ferais point un pas pour aller à la Cour d'un Grand-Homme qui ne m'aimerait point, et qui ne m'enverrait chercher que comme un Souverain ; mais si vous me connaissiez, et si vous aviez pour moi une vraie bonté, j'irais me mettre à vos pieds à Pékin. Je suis sensible, Sire, et je ne suis que cela. J'ai peut-être deux jours à vivre ; je les passerai à vous admirer ; mais à déplorer l'injustice que vous faites à une ame qui était si dévouée à la vôtre, et qui vous aime toujours comme M. de Fénélon aimait Dieu, pour lui-même. Il ne faut pas que Dieu rebute celui qui lui offre un encens si rare ; croyez encore, s'il vous plaît, que je n'ai pas besoin des petites vanités, et que je ne cherchais que vous seul. V.

LETTRE XXII.

AU MÊME.

A Paris, 10 novembre 1749.

SIRE,

J'AI reçu presque à la fois trois lettres de Votre Majesté, l'une du 10 septembre, venue par Francfort, adressée de Francfort à Lunéville, renvoyée à Paris, à Cirey, à Lunéville, et enfin à Paris, pendant que j'étais à la campagne dans la plus profonde retraite; les deux autres me parvinrent avant-hier par la voie de M. Chambrier, qui est encore, je crois, à Fontainebleau.

Hélas! Sire, si la première de ces lettres avait pu me parvenir, dans l'excès de ma douleur, au temps où je devrais l'avoir reçue, je n'aurais quitté que pour vous cette funeste Lorraine; je serais parti pour me jeter à vos pieds; je serais venu me cacher dans un petit coin de Potsdam ou de Sans-Souci; tout mourant que j'étais, j'aurais assurément fait ce voyage, j'au-

10*

rais retrouvé des forces ; j'aurais même des raisons que vous devinez bien pour aimer mieux mourir dans vos Etats que dans le pays où je suis né.

Qu'est-il arrivé? votre silence m'a fait croire que ma demande vous avait déplu, que vous n'aviez réellement aucune bonté pour moi, que vous aviez pris ce que je vous proposais pour une défaite et pour une envie déterminée de rester auprès du roi Stanislas; sa Cour, où j'ai vu mourir madame du Châtelet d'une manière cent fois plus funeste que vous ne pouvez le croire, était devenue pour moi un séjour affreux, malgré mon tendre attachement pour ce bon Prince, et malgré ses extrèmes bontés.

Je suis donc revenu à Paris; j'ai rassemblé autour de moi ma famille, j'ai pris une maison, et je me suis trouvé père de famille sans avoir d'enfant; je me suis fait ainsi, dans ma douleur, un établissement honorable et tranquille, où je passe l'hiver dans ces arrangemens et dans celui de mes affaires, qui étaient mêlées avec celles de la personne que la mort ne devait pas enlever avant moi; mais puisque vous daignez m'aimer encore un peu, Votre Majesté peut être bien sûre que j'irai me jeter à ses pieds l'été prochain, si je suis en vie.

Je n'ai plus besoin actuellement de prétexte ; je n'ai besoin que de la continuation de vos bontés ; j'irai passer huit jours auprès du roi Stanislas, c'est un devoir que je dois remplir, et le reste sera à Votre Majesté ; soyez, je vous en conjure, bien persuadé que je n'avais jamais imaginé ce chiffon noir, que parce qu'alors le roi Stanislas n'aurait pas souffert que je le quittasse : je croyais que vous aviez fait cette grâce à M. de Maupertuis. Il est encore très vrai, et je vous le répète, ce n'est point une tracasserie ; le bruit avait couru, à mon dernier voyage à votre Cour, que vous m'aviez retiré vos bonnes grâces. Je ne disais pas à Votre Majesté que M. d'Argens avait écrit contre moi ; je vous disais, et je vous dis encore que, dans un certain livre de morale dont le titre m'a échappé, et qui est rempli de portraits, il avait relevé ce bruit dont je vous parle ; je lui ai même cité dans la lettre que je lui ai écrite, l'endroit où il parle de moi ; il doit s'en souvenir.

C'est après le portrait d'Orcan, qu'il dépeint comme un courtisan dangereux par sa langue ; il me fait paraître sous le *nom* D'EURIPIDE ; il dit qu'*Euripide arrive à la cour d'un grand Roi,* qu'il y est d'abord bien reçu ; mais que *bientôt le Roi se dégoûte ;* que lors les courtisans, comme de raison, le déchirent. Que faut-il, *ajoute l'auteur,* pour que *la cour* dise du bien *d'Euripide?* qu'il revienne, et que le Roi jette un *coup d'œil sur lui.*

Voilà à peu près les paroles de son livre, qu'il m'envoya lui-même; voilà ce que j'ai en dernier lieu remis dans sa mémoire, et ce que j'ai mandé à Votre Majesté. J'étais bien loin d'écrire et de penser qu'il eût écrit pour m'offenser. Encore une fois, Sire, je vous disais qu'il avait relevé le bruit qui courait que j'étais mal auprès de vous? c'est ce que j'affirme encore, non pas assurément pour me plaindre de lui, que j'aime tendrement, mais pour faire voir à Votre Majesté que j'avais besoin d'une marque publique de votre bonté pour moi, si vous vouliez que je parusse dans votre Cour.

Voilà bien des paroles; mais il faut s'entendre, et ne rien laisser en arrière à ceux à qui on veut plaire, dût-on se fatiguer.

Vous avez bien raison, Sire, de me dire que je suis fait pour être volé; car on m'a volé *Sémiramis,* et cette petite comédie de *Nanine,* dont on avait parlé à Votre Majesté; on les a imprimées, de toutes manières, à mes dépens, pleines de fautes absurdes, et de sottises beaucoup plus fortes que celles dont je suis capable. Je compte, dans quatre ou cinq jours, envoyer à Votre Majesté les véritables éditions que je vais publier.

Je vais faire aussi transcrire *Catilina*, ou plutôt *Rome Sauvée*; car ce monstre de Catilina ne mérite pas d'être le héros d'une tragédie; mais Cicéron mérite de l'être.

Voici, en attendant, la réponse à votre objection grammaticale. J'attends de votre plume d'autres présens, et je me flatte que la cargaison que vous recevrez de moi incessamment, m'en attirera une de votre part.

J'aurai l'honneur de faire ce petit commerce cet hiver; et je crois, Sire, sauf respect, que vous et moi sommes dans l'Europe les deux seuls négocians de cette espèce; je viendrai ensuite revoir nos comptes, disserter, parler grammaire et poésie. Je vous apporterai la *Grammaire raisonnée de madame du Châtelet*, et ce que je pourrai rassembler de son *Virgile*; en un mot, je viendrai mes poches pleines, et je trouverai vos portefeuilles bien garnis. Je me fais de ces momens là une idée délicieuse; mais c'est à la condition expresse que vous daignerez m'aimer un peu; car sans cela je meurs à Paris.

VOLTAIRE.

LETTRE XXIII.

AU MÊME.

A Paris, 17 novembre 1749.

SIRE,

Voilà *Sémiramis*, en attendant *Rome Sauvée*; je suis sûr que *Rome Sauvée* vous plaira davantage; parce que c'est un tableau vrai, une image des temps, des hommes que vous connaissez et que vous aimez. Votre Majesté s'intéressera aux caractères de Cicéron et de César; elle regardera avec curiosité le tableau que je lui en présenterai; elle sera empressée de voir s'il y a un peu de ressemblance; mais il n'en sera pas ainsi avec Sémiramis et Ninias. Je m'imagine que ce sujet intéressera bien moins un esprit aussi philosophe que le vôtre. Il arrivera tout le contraire à Paris; le parterre et les loges ne sont point du tout philosophes, pas même gens de lettres: ils sont gens à sentiment, et puis c'est tout. Vous aimerez la *Mort de César*:

nos parisiennes aimeront *Zaïre*; une tragédie
où l'on pleure, est jouée cent fois ; une tragédie
où l'on dit: *vraiment, voilà qui est beau, Rome
est bien peinte*; une telle tragédie, dis-je, est
jouée quatre ou cinq fois. J'aurai donc fait
une partie de mes ouvrages pour Frédéric-
le-Grand, et l'autre partie pour ma nation.
Si j'avais eu le bonheur de vivre auprès de
Votre Majesté, je n'aurais travaillé que pour
elle. Si j'étais plus jeune, je ferais une requête
à la Providence; je lui dirais : « ô Fortune!
fais-moi passer six mois à Sans-Souci, et six
mois à Paris. »

VOLTAIRE.

Nota. A cette lettre était jointe la pièce suivante,
contenant une demande de Voltaire à l'abbé d'Olivet,
et la réponse de cet académicien.

LETTRE XXIV.

A M. L'ABBÉ D'OLIVET*.

Ne crois pas m'échapper, consul que je dédaigne ;
Tyran, par la parole, il faut finir ton règne.

Mon cher maître : *ce tyran, par la parole,*
est-il, ou une hardiesse heureuse, ou une témérité condamnable ? Mettez, s'il vous plaît, votre
avis au bas de ce billet.

VOLTAIRE.

Réponse de la main de d'Olivet.

Je ne vois rien là qui ne soit très-gramma-
tical. Je vous rends les papiers que vous m'aviez
confiés, et qui sûrement ne sont pas sortis de
mes mains.

---

* Cette lettre a deux adresses ; l'une, à M. de Voltaire, l'autre à M. l'abbé d'Olivet.

LETTRE XXV.

A FRÉDÉRIC.

Ce 27 novembre 1749.

SIRE,

CECI n'est guère digne de Votre Majesté*; mais il faut offrir à son Dieu tous les fruits de sa terre. Vous aurez incessamment le manuscrit de *Rome Sauvée*. Le sujet, au moins, sera plus digne d'un héros éloquent.

VOLTAIRE.

---

* Il est vraisemblable que Voltaire a voulu parler de sa réponse à l'objection grammaticale que lui avait faite le Roi, dans sa lettre du 24 septembre 1749, et que nous avons rapportée à la suite de la lettre qui précède celle-ci.

LETTRE XXVI.

AU MÊME.

A Paris, 3 décembre 1749*.

SIRE,

> Vous êtes pis qu'un hérétique :
> Car ces gens, qu'un bon catholique
> Doit pieusement détester,
> Pensent qu'on peut ressusciter,
> Et que la Bible est véridique.
> Mais le Héros de Sans-Souci,
> En qui tant de lumière abonde,
> Fait peu de cas de l'autre monde,
> Et se moque de celui-ci.

ET moi aussi, Sire, je prends la liberté de m'en moquer; mais, quand je travaille pour le public, je parle à l'imagination des hommes, à leurs faiblesses, à leurs passions. Je ne voudrais pas qu'il y ait deux tragédies comme *Sémiramis;* mais il est bon qu'il y en ait une; et ce n'est pas une petite affaire, d'avoir transporté la scène jusques à Paris, et d'avoir forcé un

* Ces vers sont imprimés dans les *OEuvres complètes.*

peuple frivole et plaisant, à frémir à la vue d'un spectre. Votre Majesté sent bien que je pouvais me passer de cette ombre ; rien n'était plus aisé ; mais j'ai voulu faire voir qu'on peut accoutumer les hommes à tout, et qu'il n'y a que manière de s'y prendre. Vous les avez accoutumés à des choses plus rares et plus difficiles.

Ce que Votre Majesté me fait l'honneur de me mander à propos de la petite commémoration que j'ai faite de nos pauvres officiers tués et oubliés, me ravit en admiration. Quoi ! vous, Roi ! vous avez eu la même idée, et vous l'avez exécutée en vers ; vous avez fait ce que fesait le peuple d'Athènes. Vous valez bien ce peuple à vous tout seul. Il est bien juste qu'un Roi qui fait tuer des hommes, les regrette et les célèbre. Mais où sont les monarques qui en usent ainsi ? ils se contentent de faire tuer ; mais vous êtes Roi et homme, homme éloquent, homme sensible. Vous redoublez plus que jamais mon extrême envie de vous voir encore, avant que ma malheureuse machine se détruise, et cesse, pour jamais, de vous admirer et de vous aimer.

La mort me fait de la peine : on vit trop peu.

VOLTAIRE.

LETTRE XXVII.

AU MÊME.

A Paris, 25 février 1750.

SIRE,

Du sein des brillantes clartés*,
Et de l'éternelle abondance
D'agrémens et de vérités,
Dont vous avez la jouissance,
Trop heureux Roi, vous insultez
Une obscure et triste indigence.
Je vous l'avoue, un bon écrit
De ma part est chose très-rare;
Je ne suis que pauvre d'esprit,
Vous m'appelez d'esprit avare,
Mais il faut que le pauvre encor,
Porte sa substance au trésor
De ces puissances trop altières,
Et le palais d'azur et d'or,
Reçoit le tribut des chaumières.

Voici donc, Sire, un très-chétif tribut qui
n'est pas dans le comique larmoyant; car il

* Ces vers sont imprimés, mais la prose qui les suit
est inconnue.

faut bien se tourner dans tous les sens pour vous plaire.

Comme j'allais continuer cette petite épître, j'en reçois une de Votre Majesté ; celle-là prouve bien mieux encore l'immensité des richesses de votre génie. Ni vous ni personne n'a jamais rien fait de si bien, ou du moins de mieux que ces vers :

« Des grandeurs et des petitesses,
« Quelques vertus, plus de faiblesses, *etc.* »

Je sens, à la lecture de cette lettre, que si j'avais un peu de santé, je partirais sur-le-champ, fussiez-vous à Kœnisberg. Vous daignez demander *Oreste*, je vous le ferai transcrire ; mais que Votre Majesté ne s'attende pas à voir un Palamède, il n'y en a point dans *Sophocle*.

A l'égard du prétendu *Testament politique de Richelieu*, je réponds bien que madame d'Aiguillon n'en aura jamais l'original. Sire, on n'a jamais vu l'original de tous ces *Testamens là* ; indépendamment de toutes les misères dont ce livre est plein, je trouve qu'Armand est bien petit devant Frédéric.

« Ceux dont l'imprudence,
« Dans d'indignes mortels a mis sa confiance, *etc.* »

L'imprudence met sa confiance,
L'imprudence ne mettant pas ;

mais l'imprudence pourrait à toute force mettre *leur* confiance, en rapportant ce *leur* au *dont*: ce serait une licence qui, en certain cas, serait permise.

Mon chancelier d'Olivet dirait le reste; mais quand j'écris au plus Grand-Homme de notre siècle, je ne connais que le sentiment de l'admiration. L'enthousiasme fait oublier la grammaire.

A vos genoux,

VOLTAIRE.

LETTRE XXVIII.

AU MÊME.

A Paris, 16 mars 1750*.

SIRE,

Enfin Darnaud, loin de Manon,
S'en va dans sa tendre jeunesse

---

* Cette épître imprimée tome 14, édition de Kehl, sans date ni indication de lieu, est adressée par les auteurs de cette édition à Darnaud, tandis que Voltaire l'adressa au roi de Prusse, comme il est constaté par la prose qui la termine, et que ces MM. ne connaissaient point.

A Berlin, chercher la sagesse
Près de Frédéric Apollon.
Ah ! j'aurais bien plus de raison
D'en faire autant dans ma vieillesse.
Il va donc goûter le bonheur
De voir ce brillant phénomène,
Ce Conquérant-Législateur,
Qui sut chasser de son domaine
Toute sottise et toute erreur*,
Tout dévot et tout procureur,
Tout fléau de l'engeance humaine.
Il verra couler dans Berlin
Les belles eaux de l'Hippocrène,
Non pas comme dans ce jardin,
Où l'art avec effort amène
Les naïades de Saint-Germain,
Et le fleuve entier de la Seine,
Tout étonnés d'un tel chemin ;
Mais par un art bien plus divin,
Par le pouvoir de ce génie
Qui, sans effort, tient sous sa main
Toute la nature embellie.
Mon Darnaud est donc appelé
Dans ce séjour que l'on renomme !
Et tandis qu'un troupeau zélé
De pèlerins au front pelé,
Court à pied dans les murs de Rome,
Pour voir un triste jubilé,
L'heureux Darnaud voit un Grand-Homme.

* Ce vers n'est point dans l'imprimé.

GRAND-HOMME que vous êtes, que votre dernier songe est joli! Vous dormez comme Horace veillait; vous êtes un être unique.

J'enverrai à Votre Majesté, par la première poste, du fatras d'*Oreste*; je mettrai ces misères à vos pieds. Une seule de vos lettres, qui ne vous coûtent rien, vaut mieux que nos grands ouvrages qui nous coûtent beaucoup. Je suis plus que jamais aux pieds de Votre Majesté,

VOLTAIRE.

LETTRE XXIX.

AU MÊME.

A Paris, 17 mars 1750.

SIRE,

Grand juge, grand feseur de vers,
Lisez cette œuvre dramatique,
Ce croquis de la scène antique,
Que, des Grecs, le pinceau tragique,
Fit admirer à l'univers.
Jugez, si l'ardeur amoureuse
D'une Électre de quarante ans

Doit, dans de tels événemens,
Étaler les beaux sentimens
D'une héroïne doucereuse,
En massacrant ses chers parens
D'une main peu respectueuse.
Une princesse en son printemps,
Qui, surtout n'aurait rien à faire,
Pourrait avoir, par passe-temps,
A ses pieds un ou deux amans,
Et les tromper avec mystère;
Mais la fille d'Agamemnon,
N'eut dans la tête d'autre affaire,
Que d'être digne de son nom,
Et de venger monsieur son père;
Et j'estime encor que son frère
Ne doit point être un Céladon.
Ce héros, fort atrabilaire,
N'était point né sur le Lignon.
Apprenez-moi, mon Apollon,
Si j'ai tort d'être si sévère,
Et lequel des deux doit vous plaire,
De Sophocle, ou de Crébillon:
Sophocle peut avoir raison,
Et laisser des torts à Voltaire*.

J'ai l'honneur, Sire, d'envoyer à Votre Majesté les feuilles à mesure qu'elles sortent de chez l'imprimeur. Il faut bien que mon Apollon-Frédéric ait mes prémices bonnes ou mau-

---

* Ces vers sont imprimés, mais la prose qui les suit, ne l'était point.

vaises. J'ai pris la liberté de lui écrire par la voie de cet heureux Darnaud, qui verra mon Jéhova prussien face à face, et à qui je porte la plus grande envie.

Votre Majesté aura incessamment d'autres petites offrandes malgré ma misère; car, tout malingre que je suis, je sens que vous donnez de la santé à mon ame : vos rayons pénètrent jusqu'à moi, et me vivifient.

Voilà Darnaud à vos pieds ! Qui sera maintenant assez heureux pour envoyer à Votre Majesté les livres nouveaux et les nouvelles sottises de notre pays ? On m'a dit qu'on avait proposé un nommé Fréron. Permettez-moi, je vous en conjure, de représenter à Votre Majesté qu'il faut pour une telle correspondance des hommes qui aient l'approbation du public; il s'en faut beaucoup qu'on regarde Fréron comme digne d'un tel honneur. C'est un homme qui est dans un décri et dans un mépris général, tout sortant des prisons où il a été mis pour des choses assez vilaines. Je vous avouerai encore, Sire, qu'il est mon ennemi déclaré, et qu'il se déchaîne contre moi dans de mauvaises feuilles périodiques, uniquement parce que je n'ai pas voulu avoir la bassesse de lui faire donner deux louis d'or, qu'il a eu l'effronterie de demander

à mes gens pour dire du bien de mes ouvrages ;
je ne crois pas assurément que Votre Majesté
puisse choisir un tel homme. Si elle daigne
s'en rapporter à moi, je lui en fournirai un dont
elle ne sera pas mécontente ; si elle veut même,
je me chargerai de lui envoyer tout ce qu'elle
me commandera. Ma mauvaise santé, qui
m'empêche très-souvent d'écrire de ma main,
ne m'empêchera pas de dicter les nouvelles ;
en un mot, je suis à vos ordres pour le reste de
ma vie.

VOLTAIRE.

LETTRE XXX.

AU MÊME.

3 avril 1750.

SIRE,

Voici des rogatons qui m'arrivent dans l'instant de l'imprimerie. Jugez le procès des Anciens
et des Modernes, vous qui abrégez les procès dans
votre royaume ; mettez fin au nôtre d'un mot.
Votre Majesté est accoutumée à décider toutes

les querelles par la plume comme par l'épée ;
sans y perdre beaucoup de temps ; je n'ai que
celui de lui envoyer ces bagatelles : la poste va
partir. Voyez, Sire, combien l'heure presse,
vous n'aurez pas seulement quatre vers cette
fois-ci ; mais tous les momens de ma vie ne vous
sont pas moins consacrés.

VOLTAIRE.

LETTRE XXXI.

AU MÊME.

A Paris, 8 mai 1750.

SIRE,

Oui, Grand-Homme, je vous le dis,
Il faut que je me renouvelle :
J'irai dans votre Paradis,
Du feu qui m'embrasait jadis,
Ressusciter quelque étincelle,
Et dans votre flamme immortelle,
Tremper mes ressorts engourdis.
Votre bonté, votre éloquence,
Vos vers coulans avec aisance,
De jour en jour plus arrondis,
Sont ma fontaine de Jouvence.

Mais il ne faut pas tromper son héros ; vous verrez, Sire, un malingre, un mélancolique, à qui Votre Majesté fera beaucoup de plaisir, et qui ne vous en fera guère : mon imagination jouira de la vôtre. Ayez la bonté de vous attendre à tout donner sans rien recevoir. Je suis réellement dans un fort triste état ; Darnaud peut vous en avoir rendu compte ; mais, enfin, vous savez que j'aime cent fois mieux mourir auprès de vous qu'ailleurs. Il y a encore une autre difficulté : je vais parler, non pas au Roi, mais à l'homme qui entre dans le détail des misères humaines. Je suis riche et même très-riche pour un homme de lettres ; j'ai, ce qu'on appelle à Paris, monté une maison où je vis en philosophe avec ma famille et mes amis : voilà ma situation. Malgré cela, il m'est impossible de faire actuellement une dépense extraordinaire, parce qu'il m'en a coûté beaucoup pour monter mon petit ménage ; en second lieu, parce que les affaires de Mme. du Châtelet, mêlées avec ma fortune, m'ont coûté encore davantage. Mettez, je vous en prie, selon votre coutume philosophique, la majesté à part, et souffrez que je vous dise que je ne veux pas vous être à charge. Je ne peux ni avoir un bon carrosse de voyage, ni partir avec les secours

nécessaires à un malade, ni pourvoir à mon
ménage pendant mon absence, etc., à moins
de 4,000 écus d'Allemagne. Si *Métra*, un des
marchands correspondans de Berlin, veut me
les avancer, je ferai une obligation, et la rem-
bourserai sur la partie de mon bien la plus
claire, qu'on liquide actuellement.

Cela ne peut être ridicule à proposer; mais
je puis assurer V. M. que cet arrangement ne
me gênera point. Vous n'aurez, Sire, qu'à faire
dire un mot, à Berlin, au correspondant de
Métra, ou de quelque autre banquier, résidant à Paris; cela serait fait à la réception de
la lettre, et quatre jours après je partirais.
Mon corps aurait beau souffrir, mon ame le
ferait bien aller; et cette ame, qui est à vous,
serait heureuse. Je vous ai parlé naïvement, et
je supplie le Philosophe de dire au Monarque
qu'il ne s'en fâche pas. En un mot, je suis prêt;
et, si vous daignez m'aimer, je quitte tout, je
pars, et voudrais partir pour passer ma vie à
vos pieds.

VOLTAIRE.

LETTRE XXXII.

AU MÊME.

A Paris, 9 juin 1750.

SIRE,

Votre très-vieille Danaé*
Va quitter son petit ménage,
Pour le beau séjour étoilé,
Dont elle est indigne à son âge.
L'or par Jupiter envoyé,
N'est pas l'objet de son envie;
Elle aime d'un cœur dévoué,
Son Jupiter et non sa pluie.
Mais c'est en vain que l'on médit
De ces gouttes très-salutaires;
Au siècle de fer où l'on vit,
Les gouttes d'or sont nécessaires.
On peut, du fond de son taudis,
Sans argent, l'ame timorée,
Entouré de cierges bénits,

* Voltaire, en prenant le nom de Danaé, fait allusion à la somme d'argent qu'il a reçue du roi de Prusse, pour se rendre dans ses États.

Aller tout droit en paradis;
Mais non pas dans votre empirée.

Je ne pourrai pourtant, Sire, être dans votre ciel que vers les premiers jours de juillet; je serai, soyez en sûr, tout ce que je pourrai pour arriver à la fin de juin; mais la vieille Danaé est trop avisée pour promettre légèrement, et, quoiqu'elle ait l'ame très-vive, très-impatiente, les années lui ont appris à modérer ses transports ardens.

Je viens d'écrire à M. de Raësfelt que je serai au plus tard les premiers jours de juillet dans vos États de Clèves, et je le prie de songer au vorspann *. Je vous fais, Sire, la même requête; faites de belles revues dans vos royaumes du Nord, imposez à l'empire des Russes, soyez l'arbitre de la paix, et revenez présider à votre Parnassse; vous êtes l'homme de tous les temps, de tous les lieux, de tous les talens. Recevez-moi au rang de vos adorateurs, je n'ai de mérite que d'être le plus ancien; le titre de doyen de ce chapitre ne peut m'être contesté. Je prendrai la liberté de dire de Votre Majesté ce que La Fontaine disait des femmes: « Je ne

---

* Mot allemand qui signifie *relais*.

leur fais pas grand plaisir ; mais elles m'en font toujours beaucoup. »

> Ah ! que mon destin sera doux
> Dans votre céleste demeure !
> Que Darnaud vive à vos genoux,
> Et que votre Voltaire y meure !

Je mets aux pieds de Votre Majesté,

.VOLTAIRE.

LETTRE XXXIII.

AU MÊME.

A Clèves, ce 2 juillet 1750.

SIRE,

J'avais envoyé ma lettre* à votre Chancelier de Clèves, et j'arrive aussitôt qu'elle ; je la rouvre pour remercier encore Votre Majesté. Je suis arrivé me portant très-mal ; en vérité, je vais à votre Cour comme les malades de l'antiquité allaient au temple d'Esculape :

* C'est la continuation de l'épître LXX, imprimée tome 13 des *Œuvres complètes*.

Ici, j'acquiers un double grade;
Je suis de Votre Majesté,
Et le sujet, et le malade.
Je fais ma cour à la naïade
De ce beau lieu si fréquenté;
De son onde je bois rasade;
La nymphe pleine de bonté,
A mes yeux a daigné paraître;
Elle m'a dit: « Ce lieu champêtre
Pourrait te donner la santé,
Mais vole auprès du Roi, mon maître,
Il donne l'immortalité. »

J'y vole, Sire, j'arriverai mort ou vif; mon misérable état, et plus encore mon carrosse cassé, me retiennent trois jours.

Je supplie Votre Majesté d'avoir la bonté d'envoyer l'ordre pour le vorspann* au commandant de Lipstadt, et de daigner me recommander à lui; c'est une chose affreuse pour un malade français, qui n'a que des domestiques français, de courir la poste en Allemagne. Erasme s'en plaignait, il y a deux cents ans. Ayez pitié de votre malade errant.

Je recachète ma lettre, et je renouvelle à Votre Majesté mon profond respect et ma passion de voir encore ce Grand-Homme.

VOLTAIRE.

* *Relais*, comme nous l'avons dit plus haut.

LETTRE XXXIV.

AU MÊME.

Dans votre Parnasse de Pharasmane, ce 8 octobre 1750.

SIRE,

Vous êtes Roi sévère, et citoyen humain;
Vous l'avez dit, la chose est véritable.
Comme Roi, je vous sers; vous m'admettez à table
    En qualité de citoyen;
    Et, comme un être fort humain,
    Vous excusez un misérable
Qui ne put assister à ce souper divin,
Par la raison qu'il souffrait comme un diable.

DAIGNEZ, Grand-Homme, daignez, Sire, me pardonner; je ne vous dirai pas, plaignez-moi, car je ne souffre pas plus ici qu'ailleurs, et j'y suis beaucoup plus heureux : on est heureux par l'enthousiasme, et vous savez si vous m'en inspirez.

Vous, Sire, et le travail, voilà tout ce qu'il faut à un être pensant. Continuez à faire de beaux vers; mais ne mettez jamais la tragédie de *Sémiramis* en opéra italien, quand même Mme. la Margrave vous en prierait.

C'est un ouvrage diabolique.

Quelque jour vous ferez *Conradin* en trois actes, et nous le jouerons.

Je me prosterne devant votre sceptre, votre lyre, votre plume, votre épée, votre imagination, votre justesse d'esprit et votre universalité.

VOLTAIRE.

LETTRE XXXV.

AU MÊME.

A Postdam, 25 décembre 1750.

SIRE,

Je vais donc vous quitter, ô champêtre séjour,
Retraite du vrai sage et temple du vrai juste!
    J'y voyais Horace et Salluste;
J'étais auprès du Roi, mais sans être à la Cour.
Il va donc étaler des pompes qu'il dédaigne!
D'un peuple qui l'attend contenter les désirs!
Il va donc s'ennuyer pour donner des plaisirs!
Que j'aime l'homme en lui; pourquoi faut-il qu'il règne!

VOLTAIRE.

LETTRE XXXVI.

AU MÊME.

1750.

SIRE,

JE me confie, comme de raison, au plus honnête homme et au plus discret de votre royaume : je ne suis venu ici que pour lui ; j'ai tout abandonné pour m'attacher uniquement à lui ; il me rend heureux ; je compte passer le peu de jours qui me restent à ses pieds ; je ne dois rien lui cacher.

Darnaud a semé la zizanie dans le champ du repos et de la paix ; il a fait confidence à Mgr. le prince Henri du tour cruel qu'il voulait me jouer à Paris. Il a abusé de la confiance dont Votre Majesté a daigné l'honorer, pour la tromper et pour se ménager, à ce qu'il prétendait, une ressource et une excuse, lorsque la calomnie serait découverte. Le respect pour Votre Majesté me défend d'entrer dans les détails de la conduite de Darnaud ; mais, Sire,

voyez ce que vous voulez que je fasse : j'ai passé
par-dessus les bienséances de mon âge ; j'ai représenté des rôles pour la Famille Royale ; j'ai
obéi avec joie aux moindres ordres que j'ai reçus, et, en cela, je crois avoir fait mon devoir ;
mais puis-je jouer la comédie chez Mr. le prince
Henri avec Darnaud qui m'accable de tant
d'ingratitude et de perfidie ? Cela est impossible ; mais je ne veux pas faire le moindre éclat,
je crois que je dois garder sur tout un profond
silence. Il me semble, Sire, que si Darnaud,
qui va aujourd'hui à Berlin dans les carrosses
de Mr. le prince Henri, y restait pour travailler, pour fréquenter l'académie, en un
mot, sur quelque prétexte, je serais par là délivré de l'extrême embarras où je me trouve.
Son absence mettrait fin aux tracasseries sans
nombre qui déshonorent le palais de la gloire,
et troublent l'asile du repos le plus doux. Je
m'en remets aveuglément à la prudence, à la
bonté de Votre Majesté ; je ne parlerai pas
même à Darget de tout ce que j'ai l'honneur de
vous écrire. Soyez très-sûr, Sire, que la conduite de Darnaud peut faire un éclat fâcheux
en Europe, par la foule des gazetiers et des bar-
bouilleurs de papiers qui veulent deviner tout
ce qui se passe chez Votre Majesté. Au nom

de votre gloire, Sire, prévenez tout cela, et soyez sûr que mon attachement pour votre personne surpasse beaucoup l'embarras où je me vois. Quels petits chagrins ne sont pas noyés dans le bonheur extrême de voir et d'entendre Frédéric-le-Grand !

VOLTAIRE.

LETTRE XXXVII.

AU MÊME.

1750.

SIRE,

Mon secrétaire m'a avoué que Darnaud l'avait séduit, et lui avait tourné la tête au point de l'engager à voler le manuscrit en question et de le faire imprimer* ; il m'a demandé pardon ; il m'a rendu tous mes papiers.

Votre Majesté verra que je mettrai à la raison le juif Hirschell aussi facilement : je suis très-affligé d'avoir un procès.

* Voyez la *Vie de Voltaire* par Condorcet, au sujet de ce procès.

Mais s'il n'y a pas d'autre moyen d'avoir justice ; si Hirschell veut abuser de ma facilité pour voler environ treize mille écus ; si quelques conseillers ou avocats, ou M. Kircheisen, ne peuvent être chargés de prévenir le procès et d'être arbitres ; s'il faut plaider contre un juif que j'ai convaincu d'avoir agi contre sa signature ; c'est un malheur qu'il faut soutenir comme bien d'autres : la vie en est semée. Je n'ai pas vécu jusqu'a présent sans savoir souffrir ; mais le bonheur de vous admirer et de vous aimer est une consolation bien chère.

VOLTAIRE.

LETTRE XXXVIII.

AU MÊME.

1750.

SIRE,

Eh bien ! Votre Majesté a raison, et la plus grande raison du monde ; et moi, à mon âge, j'ai un tort presque irréparable. Je ne me suis jamais corrigé de la maudite idée d'aller toujours en avant dans toutes les affaires, quoique très-persuadé qu'il y a mille occasions où il faut savoir perdre et se taire; et quoique j'en eusse l'expérience, j'ai eu la rage de vouloir prouver que j'avais raison contre un homme avec lequel il n'est pas même permis d'avoir raison. Comptez que je suis au désespoir, et que je n'ai jamais senti une douleur si profonde et si amère; je me suis privé de gaieté de cœur du seul objet pour lequel je suis venu; j'ai perdu des conférences qui m'éclairaient et qui me ranimaient, déplu au seul homme à qui je voulais plaire. Si la reine de Saba avait été dans la disgrâce de Salomon, elle n'aurait pas plus souffert que moi; je peux répondre au Salomon d'aujourd'hui que tout son génie n'est pas capable de me faire sentir ma faute au point où mon cœur me la fait sentir. J'ai une maladie bien cruelle, mais elle n'approche pas, en vérité, de mon affliction; et cette affliction n'est égale qu'à ce tendre et respectueux attachement qui ne finira qu'avec ma vie.

VOLTAIRE.

LETTRE XXXIX.

AU MÊME.

1751.

SIRE,

Votre Majesté joint à ses grands talens
celui de connaître les hommes; mais pour moi
je ne comprends pas comment, dans une retraite (royale à la vérité), mais encore plus
philosophique, dans laquelle on n'a rien à se
disputer, et qui devrait être l'asile de la paix,
le diable peut encore semer la zizanie. Pourquoi souleva-t-on Darnaud contre moi? pourquoi le rendit-on méchant? pourquoi corrom-
pit-on mon secrétaire? pourquoi m'a-t-on attaqué près de vous par les rapports les plus bas
et par les détails les plus vils? pourquoi vous
fit-on dire, le 29 novembre, que j'avais acheté
pour quatre-vingt mille écus de billets de la

Stère*, tandis que je n'en ai jamais eu un seul, et qu'ayant été publiquement sollicité par le juif Hirschell d'en prendre comme les autres, et qu'ayant consulté le sieur Kircheisen sur la nature de ces effets, j'avais, dès le 24 novembre, révoqué mes lettres de change, et défendu à Hirschell de prendre pour moi un seul billet en question? pourquoi dicta-t-on à Hirschell une lettre calomnieuse, adressée à Votre Majesté, lettre dont tous les points sont reconnus pour autant de mensonges par un jugement authentique? pourquoi osa-t-on dire à Votre Majesté, que l'arrêt nécessaire de la personne de ce juif, arrêt sans lequel j'aurais perdu treize mille écus de lettres de change, arrêt fait selon toutes les règles, était contre toutes les règles?

Pardon, Sire, que votre grand cœur me permette de continuer. Pourquoi poursuivre ainsi auprès de vous un malheureux étranger, un malade, un solitaire, qui n'est ici que pour vous seul, à qui vous tenez lieu de tout sur la terre, qui a renoncé à tout pour vous entendre et pour vous lire, que son cœur seul a conduit

---

* Billets faits en Saxe, pour payer les contributions imposées à ce pays pendant la guerre de sept ans. *Note de M. Boissonnade.*

à vos pieds, qui n'a jamais dit un seul mot qui pût blesser personne, et qui, malgré ce qu'il a essuyé, ne se plaindra de personne. Pourquoi m'avait-on prédit ces persécutions? prédictions que vous avez lues, que votre bonté me promit de détourner et de rendre inutiles? pourquoi a-t-on forcé d'Argens de partir? pourquoi m'a-t-on accablé si cruellement? voilà, je vous le jure, un problème que je ne peux résoudre.

Ce procès que j'ai eu, que j'ai gagné dans tous ses points, n'ai-je pas tout fait pour ne pas l'avoir? on m'a forcé à le soutenir, sans quoi j'étais volé de treize mille écus, tandis que je soutiens, depuis huit mois, à Paris, la dépense d'une grosse maison, et que par le désordre où j'ai laissé mes affaires, comptant passer deux mois à vos pieds, je souffre depuis cinq mois, sans le dire, la saisie de mes revenus à Paris. Cependant on m'a fait passer auprès de Votre Majesté pour un homme bassement intéressé; voilà pourquoi, Sire, j'avais prié Darget de se jeter pour moi à vos pieds, et de supprimer ma pension, non pas assurément pour rejeter vos bienfaits, dont je suis pénétré; mais pour convaincre Votre Majesté qu'elle est mon unique objet. Suis-je venu chercher ici de l'éclat, de la grandeur, du crédit? je voulais vivre dans une solitude, et admirer quelquefois votre personne et vos ouvrages, travailler, souffrir patiemment les maux où la nature me condamne, et attendre doucement la mort; voilà ce que je désire encore. Je ne serai pas plus solitaire auprès de Postdam que dans votre palais de Berlin.

Si Darget vous a parlé des prières que j'osais vous faire pour cet arrangement, je vous prie, Sire, de les oublier, et de me pardonner les propositions que j'avais hasardées. Je vivrai très-bien auprès de Postdam avec ce que Votre Majesté daigne m'accorder; j'y resterai, sous le bon plaisir de Votre Majesté, jusqu'au printemps, et alors j'irai faire un tour à Paris pour mettre un ordre certain pour jamais dans mes affaires. J'ose me flatter que l'assurance de ne pas déplaire à un Grand-Homme, pour qui seul je vis et je pense, adoucira la maladie dont je suis tourmenté, laquelle demande du repos, et surtout la paix de l'ame, sans quoi la vie est un supplice.

Permettez-moi donc, Sire, d'aller m'établir au Marquisat jusqu'au printemps; j'irai dans quelques jours, dès que la lie du procès sera bue et que tout sera fini. Voilà la grâce que je supplie Votre Majesté de daigner faire à un homme qui voudrait passer à vos pieds le peu de jours qui lui restent.

J'avais, Sire, minuté cette lettre pour la transcrire d'une manière plus respectueuse ; mais mes souffrances ne me permettent pas de la recommencer, et j'espère que Votre Majesté aura assez de compassion de mon accablement, pour daigner recevoir ma lettre avec bonté dans l'état où je la lui présente, avec le plus profond respect et le plus tendre attachement.

VOLTAIRE.

LETTRE XL.

AU MÊME.

1751.

SIRE,

Je conjure Votre Majesté de substituer la compassion aux sentimens de bonté qui m'ont enchanté, et qui m'ont déterminé à passer à vos pieds le reste de ma vie. Quoique j'aie gagné le procès, je fais encore offrir à ce juif de reprendre pour deux mille écus les diamans

qu'il m'a vendus trois mille, afin de pouvoir
me retirer dans la maison que Votre Majesté
permet que j'habite auprès de Postdam. L'état
où je suis ne me permet guère de me montrer,
et j'ai besoin de faire des remèdes à la campagne pendant plus d'un mois; permettez-moi
de m'y aller établir dans la première semaine de
mars, dans votre château : c'est un homme assurément, un malade, qui vous demande cette
grâce. Songez aussi que c'est un homme qui n'a
eu, en renonçant à sa patrie, que votre seule
personne pour objet, et dont l'attachement ne
peut être douteux. Puisque vous avez la bonté
de me dire les choses qui vous ont déplu, cette
bonté même m'assure que je ne vous déplairai
plus. Il est bien sûr que je ne me suis pas donné
à vous pour ne pas chercher à vous rendre ma
conduite agréable, et que, quand on est conduit
par le cœur, les devoirs sont bien doux.

Permettez-moi de dire à Votre Majesté que
j'avais beaucoup connu Gross à Paris; qu'il
m'était venu voir à Berlin, et que j'allai le prier
de me faire venir un ballot de Lyon, et des cartes
de géographie que M. de Kazomowski me devait envoyer; je ne savais pas un mot de son
rappel; ce fut lui qui me l'apprit; et quand il
m'en eut dit la raison, je me suis mis à rire. Je

lui dis à la vérité ce qui convenait en cette occasion à un homme qui apprenait cette aventure
de sa bouche; c'est l'unique fois que je lui aie
parlé, et l'unique ministre que j'aie vu, et je
peux assurer Votre Majesté que je n'en verrai
aucun en particulier.

Pardonnez-moi si je vous ai présenté des lettres de Mme. de Bentink, je ne vous en présenterai plus. A l'égard de la société, j'ose dire,
Sire, n'y avoir point mis la moindre apparence
d'aigreur ni de trouble; s'il y avait même quelqu'un dont je puisse avoir à me plaindre, je
jure à Votre Majesté que tout serait oublié à
l'instant; et que le bonheur d'être dans vos
bonnes grâces me rendrait agréables ceux mêmes
qui, étant mal instruits de l'affaire du juif, auraient trop pris parti contre moi. Je ne crois pas
qu'il puisse être revenu à Votre Majesté que
j'aie jamais dit un seul mot qui ait pu déplaire
à personne. Daignez être très-sûr que jamais je
ne mettrai même la moindre froideur dans le
commerce avec aucun de ceux qui vous appar-
tiennent, et sur cela je n'aurai pas à me vaincre.

Pour le juif, daignez, Sire, vous informer
des juges s'il y a un homme plus inique et de
plus mauvaise foi sur la terre; il refuse, tout
condamné qu'il est, les mille écus que je lui

offre de gagner ; mais cela ne m'empêchera pas de profiter de la grâce que Votre Majesté daigne me faire, et d'habiter la maison, près de Postdam, dont Votre Majesté est encore suppliée de me laisser la jouissance jusqu'au printemps. Je sacrifierai tout pour venir goûter ce repos que vous rendez si célèbre par tout ce que vous y faites.

Daignez me faire espérer que je verrai vos dernières productions ; il n'y a point pour moi de consolation plus chère ; vous ne pouvez pas douter, Sire, que je ne sois tendrement attaché à votre personne, et j'ose dire que je le suis à un point que j'espère que Votre Majesté me pardonnera tout.

VOLTAIRE.

LETTRE XLI.

AU MÊME.

Ce samedi, 1751.

SIRE,

Toutes choses mûrement considérées, j'ai
fait une lourde faute d'avoir un procès contre
un juif, et j'en demande bien pardon à Votre
Majesté, à votre philosophie et à votre bonté :
j'étais piqué, j'avais la rage de prouver que
j'avais été trompé; je l'ai prouvé, et après avoir
gagné ce malheureux procès, j'ai donné à ce
maudit Hébreu plus que je ne lui avais offert d'a-
bord, pour reprendre ses maudits diamans qui
ne conviennent point à un homme de lettres.
Tout cela n'empêche pas que je ne vous aie
consacré ma vie; faites de moi tout ce qu'il vous
plaira. J'avais mandé à S. A. R. Mme. la margrave de Bareith, que frère Voltaire était en pé-
nitence. Ayez pitié de frère Voltaire; il n'attend
que le moment de s'aller fourrer dans la cellule
du Marquisat.

Comptez, Sire, que frère Voltaire est un bon homme; qu'il n'est mal avec personne, et sur-tout qu'il prend la liberté d'aimer Votre Majesté de tout son cœur; et à qui montrerez-vous les fruits de votre beau génie, si ce n'est à votre ancien admirateur? Il n'a plus de talent, mais il a du goût; il sent vivement, et votre imagination est faite pour son ame. Il est tout pétri de faiblesses, mais assurément sa plus grande est pour vous; il n'est point intéressé, comme on vous l'a dit, et il ne cherche dans vous que vous-même; il est bien malade, mais vos bontés lui rendront peut-être la santé; en un mot, sa vie est entre vos mains.

J'apprends que Votre Majesté me permet de m'établir pour ce printemps au Marquisat; je lui en rends les plus humbles grâces; elle fait la consolation de ma vie.

VOLTAIRE.

LETTRE XLII.

AU MÊME.

A ce qu'on appelle le Marquisat, ce 5 juin 1751.

SIRE,

Du fond du désert que j'habite,
J'écris à mon Héros errant :
Vous courez, Sire, et je médite ;
Mais vous pensez plus en courant,
Que moi dans mon logis d'ermite.
D'un œil surpris, d'un œil jaloux,
L'Europe entière vous observe ;
Vous courez ; mais Mars et Minerve
Voyagent en poste avec vous.
Je songe dans mon ermitage
A faire encore un peu d'usage
De mon esprit trop épuisé ;
A goûter sans être blasé
Ce qui reste de ce breuvage ;
A m'armer pour le long voyage
Dont m'avertit un corps usé ;
A voir d'un œil apprivoisé
La fin de mon pélerinage.
Mais, hélas ! il est plus aisé
D'être ermite que d'être sage.

La plupart des gens ne sont ni l'un ni

l'autre : on court, on aime les grandes villes, comme si le bonheur était là. Sire, croyez-moi, j'étais fait pour vous ; et, puisque je vis seul quand vous n'êtes plus à Postdam, apparemment que je n'y étais venu que pour vous : ceci soit dit en passant.

J'envoie à Votre Majesté ce *Dialogue de Marc-Aurèle**; j'ai tâché de l'écrire à la manière de Lucien. Ce Lucien est naïf; il fait penser ses lecteurs, et on est toujours tenté d'ajouter à ses Dialogues : il ne veut point avoir d'esprit.

Le défaut de Fontenelle est qu'il en veut toujours avoir; c'est toujours lui qu'on voit, et jamais ses héros : il leur fait dire le contraire de ce qu'ils devraient dire; il soutient le pour et le contre; il ne veut que briller. Il est vrai qu'il en vient à bout; mais il me semble qu'il fatigue à la longue, parce qu'on sent qu'il n'y a presque rien de vrai dans tout ce qu'il vous présente. On s'aperçoit du charlatanisme, et il rebute. Fontenelle me paraît, dans cet ouvrage, le plus agréable joueur de passe-passe que j'aie jamais vu : c'est toujours quelque chose, et cela amuse.

---

* Dialogue V, vol. des Dial., *OEuvres complètes*.

Je joins à *Marc-Aurèle* deux rogatons que Votre Majesté n'a peut-être pas vus, parce qu'ils sont imprimés à la suite d'un grimoire sur le carré des distances, lequel n'est point du tout amusant; mais en récompense des chiffons que j'envoie; j'attends ce sixième chant de votre *Art*; j'attends le toit du temple de Mars : c'est à vous seul à bâtir ce temple, comme c'était à Ovide de chanter l'amour, et à Horace de donner la Poétique.

Sire, faites des revues, des ports, des heureux ;

Sous vos aimables lois, je me flatte de l'être;
Aux yeux de l'avenir, vous serez un Grand Roi
Et, grâce à votre gloire, on voudra me connaître;
On dira quelque jour, si l'on parle de moi :
« Voltaire avait raison de choisir un tel maître. »

VOLTAIRE.

LETTRE XLIII.

AU MÊME.

Ce mardi, 1751.

SIRE,

Si je ne suis pas court, pardonnez-moi. Hier, le fidèle Darget m'apprit avec douleur qu'on parlait dans Paris de votre poëme *. Je viens de lui montrer les dix-huit lettres que je reçus hier ; elles sont de Cadix ; il n'y est pas question de vers.

Permettez que je montre à Votre Majesté les six dernières lettres de ma nièce, l'unique personne avec qui je suis en correspondance ; elles sont toutes six numérotées de sa main : elle me parle avec confiance de vous et de tout. Si je lui avais écrit un mot du poëme, elle en parlerait ; je ne lui ai pas même envoyé l'énigme que

* Voltaire veut parler vraisemblablement du poëme du *Palladium*. Voyez ses lettres à Mme. Denis, du 3 janvier et du 29 octobre 1751.

j'avais faite et que je vous ai montrée, de peur qu'elle ne me devinât.

Ce ne sont pas les confidens de vos admirables amusemens qui en parlent ; je réponds de Darget et de moi.

Daignez jeter les yeux sur les endroits soulignés de ces lettres, où il est question de Votre Majesté, de Darget, de Postdam, de Damon, etc.; Votre Majesté n'y perdra rien ; elle verra mon innocence, mes sentimens et mes desseins.

Il y a onze mois que je suis parti ; je comptais en passer deux à vos pieds. Je peux avoir en France le privilége d'imprimer *le Siècle de Louis XIV* ; je suis prêt à l'imprimer à Berlin, si cela vous fait plaisir, et je le demande à Votre Majesté.

Je ne vous flatte pas, que je sache ; et vous savez mes hardiesses sur vos ouvrages, si j'aime et si je dis la vérité. Je vous admire comme le plus grand-homme de l'Europe, et j'ose vous chérir comme le plus aimable ; ne croyez pas que je sois ici pour une troisième raison.

Vous savez que je suis sensible ; soyez sûr que je le suis avec enthousiasme à toutes vos bontés, et que votre personne fait le bonheur de ma vie.

Après vous, j'aime le travail et la retraite :

qui que ce soit ne se plaint de moi. Je demande à Votre Majesté une grâce, pour ne point altérer ce bonheur que je lui dois, c'est de ne me point chasser de l'appartement qu'elle a daigné me donner à Berlin jusqu'à mon voyage à Paris.

Si j'en sortais, on mettrait dans les gazettes que Votre Majesté m'a chassé de chez elle; que je suis mal avec elle, et ce serait une nouvelle amertume, un nouveau procès, une nouvelle justification aux yeux de l'Europe, qui a les yeux fixés sur vos moindres démarches et sur les miennes, parce que je vous approche.

J'en sortirai dès qu'il viendra quelque Prince dont il faudra loger la suite, et alors la chose sera honnête.

J'ai eu le malheur d'être traité par Chazot comme le curé de Meckelbourg. On m'a dit alors que Votre Majesté ne souffrait plus que je logeasse dans son palais de Berlin; je n'ai pas proféré la moindre plainte contre Chazot; je ne me plaindrai jamais de lui ni de quiconque a pu l'aigrir. Je vis tranquille; je souffre mes maladies avec patience, et je suis trop heureux auprès de vous.

Si Votre Majesté voulait seulement s'informer du comte de Rothembourg et de M. Jarrige,

13 *

comment je me suis conduit dans l'affaire d'Hirschell, elle verrait que j'ai agi en homme digne de sa protection, et digne d'être venu auprès d'elle.

Mon nom ira peut-être à la suite du vôtre à la postérité, comme celui de l'affranchi de Cicéron; j'espère qu'en attendant, le Cicéron, l'Horace et le Marc-Aurèle de l'Allemagne, me fera achever ma vie en l'admirant et en le bénissant.

Je supplie Votre Majesté de daigner me renvoyer ces lettres.

VOLTAIRE.

LETTRE XLIV.

AU MÊME.

1751.

SIRE,

Vos réflexions valent bien mieux que mon ouvrage*. J'ai eu bien raison de dire quelque part que vous étiez le meilleur logicien que j'aie

---

* Poëme de Voltaire sur *la Religion naturelle*.

entendu. Vous m'épouvantez; j'ai bien peur
pour le genre humain et pour moi que vous
n'ayez tristement raison : il serait affreux pourtant qu'on ne pût pas se tirer de là. Tâchez,
Sire, de n'avoir pas tant raison ; car enfin faut-il
bien, quand vous faites de Postdam un paradis
terrestre, que ce monde-ci ne soit pas absolument un enfer : un peu d'illusion, je vous en
conjure ; daignez m'aider à me tromper hon-
nêtement. Au bout du compte, les sottises
sont traitées ici comme elles le méritent ; mais
j'ai enfoncé le poignard avec respect. Le véritable but de cet ouvrage est votre exemple à
suivre. La religion naturelle est le prétexte; et
quand cette religion naturelle se bornera à être
bon père, bon ami, bon voisin, il n'y aura pas
grand mal.

Je me doute bien que l'article des revers est
un peu problématique; mais encore vaut-il
mieux dire avec Marc-Aurèle, que la nature
nous donna des remords, que de dire avec la
Métrie, qu'il n'en faut point avoir.

Je conçois très-bien qu'Alexandre, nommé
général des Grecs, n'ait point eu plus de scrupule
d'avoir tué des Persans à Arbelles, que Votre
Majesté n'en a eu d'avoir envoyé quelques im-
pertinens Autrichiens dans l'autre monde :

Alexandre faisait son devoir en tuant des Persans à la guerre, mais certainement il ne le faisait pas en tuant son ami après soupé.

Au reste, il s'en faut beaucoup que l'ouvrage soit achevé; je profite déjà des remarques dont vous daignez m'honorer. Je supplierai Votre Majesté de vouloir bien me le renvoyer avant qu'elle parte pour la Silésie. Il est difficile de définir la vertu; mais vous la faites bien sentir, vous en avez, donc elle existe. Or ce n'est pas la religion qui vous la donne; donc vous la tenez de la nature, comme vous tenez d'elle votre rare esprit, qui suffit à tout, et devant lequel mon ame se prosterne.

Je remercie Votre Majesté autant que je l'admire.

VOLTAIRE.

LETTRE XLV.

AU MÊME.

1751.

SIRE,

VOTRE MAJESTÉ m'a favorisé de quatre volumes du plus parfait galimatias qui soit sorti d'une tête théologique; l'auteur doit descendre, en droite ligne, de saint Paul, et être proche parent du Père Castel.

En qualité de théologien de Béelzébut, oserai-je interrompre encore vos travaux par un petit mot d'édification sur l'athéisme, que je mets à vos pieds? j'ai choisi ce petit morceau parmi les autres comme un des plus orthodoxes.

Je ne fais que dire ce que Votre Majesté pense, et ce qu'elle dirait cent fois mieux si elle daignait me corriger; je croirais alors l'ouvrage digne d'elle. Je souhaite pouvoir le finir, en amusant Votre Majesté quelquefois, et mourir de la mort du juste, avec votre bénédiction.

VOLTAIRE.

LETTRE XLVI.

AU MÊME.

1751.

SIRE;

Est-il vrai que Voltaire aura
A Sans-Souci l'honneur de boire
Les eaux d'Hippocrène ou d'Egra,
Au lieu de l'onde sale et noire
Qu'en enfer il avalera?

En ce cas il apportera
Son paquet et son écritoire,
Et, près de vous, il apprendra
Que sagesse vaut mieux que gloire;
Sur les arbres il écrira :

« Beaux lieux consacrés à la lyre,
Aux arts, aux douceurs du repos,
J'admirais ici mon Héros,
Et me gardais de le lui dire. »

VOLTAIRE.

LETTRE XLVII*.

AU MÊME.

1751.

SIRE,

Je baise avec transport un livre si charmant*,
Le seigneur de Saint-Jame et celui de Versailles
   Ne peuvent faire un tel présent;
   Et je m'écrie, en vous lisant,
   Comme en parlant de vos batailles :
Non, il n'est point de Roi qui puisse en faire autant.

VOLTAIRE.

* C'est le poëme intitulé: l'*Art de la Guerre*, par le roi de Prusse.

LETTRE XLVIII*.

AU MÊME.

1751.

SIRE,

On dit que tout prédicateur
Dément assez souvent tout ce qu'il dit en chaire,
Grand Roi, soit dit sans vous déplaire,
Vous êtes de la même humeur.
Vous nous annoncez avec zèle
Une importante vérité;
Mais vous allez pourtant à l'immortalité,
En nous prêchant l'ame mortelle.

VOLTAIRE.

* Ni ce billet en vers, ni le suivant n'ont aucune date; il est
vraisemblable qu'ils sont de 1751.

LETTRE XLIX.

AU MÊME.

1751.

SIRE,

Marc-Aurèle, autrefois, disait
Des choses dignes de mémoire;
Tous les jours même il en faisait,
Et sans jamais s'en faire accroire.
Certain amateur de sa gloire,
Un jour, à souper, lui parlait
D'un des beaux traits de son histoire.
Mais, qu'arriva-il? le héros
N'écouta qu'avec répugnance;
Il se tut, et ce beau silence
Fut encore un de ses bons mots.

PARDONNEZ, Sire, à des cœurs qui sont pleins de vous; j'ose, pour me justifier, supplier Votre Majesté de daigner seulement jeter un coup d'œil sur les lignes marquées par un tiret de cette lettre de M. de Chauvelin, neveu du fameux garde - des - sceaux. Ne soyez fâché ni contre lui, qui m'écrit de l'abondance du cœur,

ni contre moi qui ai la témérité de vous envoyer
sa lettre. Il faut bien, après tout, que Sa Majesté connaisse ce que pensent les hommes de
l'Europe qui pensent le mieux.

Je supplie Votre Majesté de me renvoyer ma
lettre, car je ne veux pas perdre à la fois vos
bonnes grâces et la lettre de M. de Chauvelin.

VOLTAIRE.

LETTRE L.

FRÉDÉRIC A VOLTAIRE.

1751.

Je viens d'accoucher de six jumaux, qui
demandent de'tre batissez au nom d'Apolon
aux eaux d'hippocraine, la Henriade est pryee
pour maraine, vous aurez la bonté de l'amener
ce soir a 5 heures dans l'apartement du pere,
Darget Lucine si trouvera, et l'imagination
de l'home machine* tiendra les nouveaux néz
sur les fonds.

FEDERIC.

* M. de la Métrie, auteur d'un ouvrage intitulé :
L'Homme Machine.

RÉPONSE DE VOLTAIRE.

ÉCRITE AU BAS DE LA LETTRE.

SIRE,

PAR le cerveau le souverain des dieux
Selon ma bible accoucha d'une fille
Vos six jumaux me sont plus préiteux
J'adorerai cette auguste famille
On vous conait a leur force a leurs traits
A leurs bautez a leur noble harmonie
Les elever cultiver leur génie
Qui le poura? œluy qui les a faits
Ils sont tous nez pour instruire et pour plaire
Ces six enfans sont freres des neuf sœurs
Et l'on dira comme chez nos docteurs
Le fils est dieu nous legalons au pere *

* Nous avons transcrit, d'après les originaux, ces deux lettres avec toutes leurs négligences quant à l'orthographe.

LETTRE LI.

A FRÉDÉRIC.

1751.

SIRE,

Vous qui daignez me départir
Les fruits d'une muse divine,
Mon Roi, je ne puis consentir
Que, sans daigner m'en avertir,
Vous alliez prendre médecine;
Je suis votre malade né,
Et sur la casse et le séné
J'ai des notions peu communes;
Nous sommes du même métier,
Faut-il de moi se défier,
Et cacher vos bonnes fortunes?

Vous avez des crampes, et moi aussi; vous aimez la sollitude, et moi aussi; vous faites des vers et de la prose, et moi aussi; vous prenez médecine, et moi aussi. De là je conclus que j'étais fait pour vivre et mourir aux pieds de Votre Majesté.

VOLTAIRE.

LETTRE LII.

AU MÊME.

1751.

SIRE,

JE suis dans une grande affliction : Votre Majesté sait ce que c'est que cinquante vers, quand il faut qu'ils soient bons, et que ce ne sont pas là de petites affaires. J'avais donc fait ces cinquante vers pour Aurélie, dans *Catilina*, avec bien de la peine, et j'envoyais à Paris un Mémoire raisonné, pour empêcher Aurélie d'être une madame Caton, et de faire la patriote et l'héroïne : je voulais consulter Votre Majesté sur tout cela. En vérité, Sire, vous me devez un avis, après la liberté que je prends si souvent de vous dire le mien. Je monte dans vos antichambres pour tâcher de trouver quelqu'un, par qui je puisse faire demander la permission de vous parler; je ne trouve personne, je m'en retourne, et mes vers partent sans votre approbation; mais je déclare à Votre Majesté que je me suis vanté que je vous ai dans mon parti; que vous trouvez très-bon qu'Aurélie ne s'avise point de vouloir être le soutien de Rome. J'ai encore ajouté, pour arrêter l'impatience de mes amis, que vous me faites l'honneur de penser comme moi, qu'il ne faut pas sitôt donner cet ouvrage au public, et que s'ils donnent bataille malgré l'opinion d'un général tel que vous, ils seront battus. J'avais bien d'autres vers à vous montrer; j'avais à vous demander votre protection pour l'édition du *Siècle de Louis XIV*, que je fais imprimer à Berlin.

Mais je voulais encore demander à Votre Majesté une autre grâce; voici qu'elle est ma requête : Sire, je suis malade; je suis obligé de travailler presque autant que Votre Majesté; je passe toute la journée seul. Si vous vouliez permettre que j'habitasse l'appartement voisin du mien, où M. de Bredou a couché l'hiver dernier, j'y travaillerais plus commodément; j'y aurais un peu plus de soleil, ce qui est un grand point pour moi. L'appartement est tourné de façon que je pourrais travailler avec mon secrétaire; les deux appartemens sont d'ailleurs égaux, et, si Votre Majesté veut souffrir que je loge dans l'autre, elle me fera le plus grand plaisir du monde : c'est une fantaisie de malade peut-être...; mais, en ce cas, Votre Majesté en aura pitié; elle m'a promis de me rendre heureux.

VOLTAIRE.

LETTRE LIII.

AU MÊME.

1751.

SIRE,

JE demande pardon à Votre Majesté de mes importunités; mais il s'agit d'affaires graves; il me manque deux vers dans la *Henriade*; et ces deux vers se trouvent probablement dans l'édition corrigée à la main, qui est chez Votre Majesté, ou dans l'édition de Paris. Je vous présente mes très-humbles respects, en vous suppliant de m'envoyer pour un moment les deux premiers volumes de ces éditions.

Si vous pouviez m'envoyer un quart de votre génie par votre courrier !

Vous avez répandu tant de biens sur ma vie !
    Achevez ma félicité ;
    Ah ! de grâce, un peu de génie ;
Mais les dieux donnent tout, hors leur divinité.

VOLTAIRE.

LETTRE LIV.

AU MÊME.

1751.

SIRE,

Eh ! mon Dieu ! comment faites-vous donc ? J'ai rapetassé cent cinquante vers depuis huit jours, à *Rome sauvée*, et Votre Majesté en a peut-être fait quatre ou cinq cents. Je n'en peux plus, et vous êtes frais ; je me demène comme un possédé, et vous êtes tranquille comme un élu ; j'appelle le génie, et il vous vient ; vous travaillez comme vous gouvernez, comme on dit que les Dieux font mouvoir le monde, sans effort.

J'ai un petit secrétaire gros comme le pouce, qui est malade pour avoir transcrit deux actes de suite. Je demande en grâce à Votre Majesté de lire ma *Rome*; votre gloire est intéressée à ne laisser sortir de Postdam que des ouvrages dignes du *Mars-Apollon*, qui consacre cette retraite à la postérité. Sire, il faut, sauf respect, que vous et moi (pardon du vous et du moi) nous ne fassions que du bon, ou que nous mourions à la peine. Je n'enverrai *Rome* à ma virtuose de nièce, que lorsque *Mars-Apollon* sera content. Je me mets à vos pieds.

VOLTAIRE.

LETTRE LV.

AU MÊME.

A Berlin, 1751.

SIRE,

Par ma foi ces Anglais que j'avais cru si sages,
N'ont plus ni rime, ni raison;
Avec Pope, avec Addisson,
Le bon goût et les bons ouvrages
Ont passé la barque à Caron;

14*

Le soleil sur leur horizon
N'amène plus que des nuages;
Il faut que chaque nation,
Tour à tour ait ses avantages;
Minerve, Thémis, Apollon
Sont allés, sur d'autres rivages,
Assez loin de Georges Second,
Et c'est à Sans-Souci, dit-on,
Qu'il faut chercher, dans ses voyages,
Ce qu'on perdit dans Albion.

Le fait est qu'un Anglais atrabilaire vient
d'émouvoir ma bile ; cet homme, dans un écrit
pédantesque, reproche à l'auteur des *Mémoires
de Brandebourg* de se contredire, et sa preuve
est que le même auteur loue ou blâme les
mêmes personnes, croit que la *réforme* était
nécessaire dans l'Église, et ensuite avoue les
fautes de la réforme, etc.

Si je voulais, moi, louer l'auteur de ces Mémoires, je me servirais des mêmes raisons que
cet Anglais apporte contre lui; il faut avoir une
tête bien enivrée de l'esprit de parti et de l'esprit de système, pour exiger qu'un historien
approuve ou condamne sans restriction? Est-il
possible que ce critique n'ait pas senti combien
il est digne d'un philosophe, et d'un homme
qui est à la tête des autres, de peser le bien et
le mal, d'estimer dans l'ouvrage ce qu'il y

avait de grand, et de montrer ce qu'il y avait de faible, d'approuver la réforme et de faire voir les défauts des réformateurs ? mais un Anglais veut qu'on soit toujours partial, ou tout Wigh, ou tout Tory, et la raison, qui est impartiale, ne l'accommode pas. J'ai bien envie de m'escrimer contre cet impertinent, et de me moquer de lui; il le mérite, mais il n'en vaut pas la peine.

Votre Majesté arrange à présent des bataillons, en attendant qu'elle arrange des strophes et des périodes. Ses odes l'attendent à Postdam, à moins qu'elle ne veuille m'en envoyer quelqu'une de Silésie.

Chaque chose, à la fin, dans sa place est remise ;
　　Isac, après mille détours,
Vient de fixer ses pas, son caprice et ses jours,
Auprès de Sans-Souci, dans sa terre promise ;
　　Moi, je vais fixer mon destin,
Dans la chambre où Jordan, de savante mémoire,
Commentait à la fois Saint-Paul et l'Arétin,
　　Sans savoir des deux à qui croire.
Unir les opposés, est un secret bien doux ;
Il tient l'ame en haleine, il exerce le sage.
Je connais un Héros dont l'ame a tous les goûts,
Tous les talens, tout l'art de les mettre en usage,
Et je ne sais encor s'il est connu de vous.

Je mets aux pieds de Votre Majesté   V.

LETTRE LVI.

AU MÊME.

1751.

SIRE,

Je rends à Votre Majesté ce premier volume; ce n'est pas moi qui l'ai couvert d'encre. Un petit mot de réflexion sur la misère humaine. J'ai refait aujourd'hui de cinq manières un petit passage de *la Henriade*, sans pouvoir jamais retrouver la manière dont je l'avais tourné, il y a un mois. Qu'est-ce que cela prouve? que le génie n'est jamais le même; qu'on n'a jamais précisément la même pensée deux fois en sa vie; qu'il faut attendre continuellement le moment heureux. Quel chien de métier! mais il a ses charmes, et la solitude occupée est, je crois, la vie la la plus heureuse. Mon pauvre génie tout usé baise très-humblement les pieds et les mains de Votre Majesté.

VOLTAIRE.

LETTRE LVII.

AU MÊME.

1751.

SIRE,

Si vous aimez des critiques libres, si vous souffrez des éloges sincères, si vous voulez perfectionner un ouvrage que vous seul êtes capable de faire, Votre Majesté n'a qu'à ordonner à un solitaire de monter*.

Ce solitaire est aux ordres de Votre Majesté pour toute sa vie.

VOLTAIRE.

* Rien n'indique l'ouvrage dont Voltaire veut parler; nous sommes cependant portés à croire que c'est des *Mémoires de Brandebourg*, qu'un anglais venait de critiquer, comme nous l'avons dit plus haut.

LETTRE LVIII.

AU MÊME.

1752.

SIRE,

Roi des beaux vers et des guerriers,
N'allez point à bride abattue ;
Je crains qu'Apollon ne vous tue,
En vous couronnant de lauriers.
Que votre Pégase s'arrête ;
Souffrez de moi la vérité :
Votre estomac débilité
N'est pas digne de votre tête.
Les Rois sont hommes comme nous ;
L'homme-machine est bien fragile :
Grand Roi, l'estomac est pour vous
Ce qu'est le talon pour Achille.
Hélas ! chaque homme a son défaut.
J'en ai beaucoup, et je vous jure
Que je combats, comme il le faut,
Pour dompter en moi la nature.
Jusqu'ici j'ai mal profité ;
Que le Ciel à qui je m'adresse,
Vous rende enfin votre santé,
Et m'accorde votre sagesse.

VOLTAIRE.

LETTRE LIX.

AU MÊME.

1751.

SIRE,

Je me suis traîné à votre opéra, espérant d'y voir Votre Majesté; j'y ai appris qu'elle était indisposée, et j'ai quitté le palais du Soleil :

Car vous savez que je préfère
Votre Cabinet d'Apollon
A ce palais où Phaëton
Aborda d'un pied téméraire;
Il voulut porter la lumière
Que vous répandez aujourd'hui :
Vous nous éclairez mieux que lui,
Sans tomber dans votre carrière.

VOLTAIRE.

LETTRE LX.

AU MÊME.

1751.

SIRE,

Vainqueur des préjugés, vainqueur dans les combats;
Enfant de Marc-Aurèle et rival de Lucrèce,
Quel étonnant génie a conduit tous vos pas,
Du faîte de la gloire au sein de la sagesse?
C'est de vous que j'apprends à mépriser le sort;
Par vos grandes leçons ma raison raffermie,
Fait de mes derniers jours les beaux jours de ma vie,
Et brave, ainsi que vous, les horreurs de la mort.
Dieux justes! (s'il en est), quoi! cette ame si belle,
N'est-il* qu'un composé de vos quatre élémens?
L'esprit de ce Grand-Homme est-il une étincelle
    Qui s'évapore avec les sens?
Rentrez, esprits communs, dans la nuit éternelle,
Périssez tout entiers, soyez anéantis;
Ame de Frédéric, vous êtes immortelle,
Ainsi que ses vertus, sa gloire et ses écrits.

VOLTAIRE.

* L'original porte *n'est-il;* ce qui prouve avec quel abandon Voltaire écrivait ses lettres, même en vers.

LETTRE LXI.

AU MÊME.

SIRE,

De bas de votre beau vallon,
Qui devient un bel hôpital,
Je renvoie à Mars-Apollon
Ses beaux vers en original.
Vous êtes le dieu d'Hélicon,
Le dieu de la société,
Et je vous dis pour oraison :
« Soyez le dieu de la santé*. »

VOLTAIRE.

---

* Cette lettre n'a point de date ; nous l'avons mise ici à la place qu'elle occupe dans l'original.

LETTRE LXII.

AU MÊME.

Ce vendredi, à 9 h. du soir, 1751.

SIRE,

Le médecin joyeux* a sans doute mandé à
Votre Majesté que, lorsque nous sommes arri-
vés, le malade dormait tranquillement, et que
*Codenius*** nous a assuré en latin qu'il n'y avait
aucun danger. Je ne sais pas ce qui s'est passé
depuis; mais je suis persuadé que Votre Majesté a approuvé mon voyage : je me flatte que
je viendrai bientôt me remettre aux pieds de
Votre Majesté.

VOLTAIRE.

* La Métrie.

** C'était le médecin du roi de Prusse.

LETTRE LXIII.

AU MÊME.

A Berlin.

SIRE,

J'AI quitté la rive fleurie,
Où j'avais fixé mon séjour,
Pour aller près de Rotembour,
De qui la personne chérie,
Chez Pluton allait faire un tour
Pour un peu de gloutonnerie;
Libitine et sa prudhomie
L'allaient dépêcher sans retour
Pour en faire une anatomie;
Mais votre lecteur la Métrie
Vient de le rappeler au jour;
La grave charlatanerie
A tout-à-fait l'air d'un Caton.
Pour moi, j'aime assez la Raison
Sous le masque de la Folie.

Que la veine hémorroïdale,
De votre personne royale,
Cesse de troubler le repos!
Quand pourrai-je, d'un style honnête,

Dire : le c.. de mon Héros
Va tout aussi bien que sa tête.

Abraham *Hirschell* vient de jouer à M. le
Margrave Henri à peu près le même tour qu'à
moi. Pardonnez moi, Sire ! j'ai toujours cela
sur le cœur, et je mourrais de douleur sans vos
bontés.

V O L T A I R E.

LETTRE LXIV.

AU MÊME.

1751.

SIRE,

Au Salomon du Nord une foule d'auteurs
    Présente à l'envi leurs ouvrages*;
Vos écrits sont pour nous les plus rares faveurs;
    Les miens ne sont que des hommages.

En arrivant, et en croyant Votre Majesté à
peine arrivée, ainsi en me trompant d'un
jour**

* Peut-on mettre dans le même vers le singulier
présente, avec le plurier *leurs*, en parlant d'une foule
d'auteurs?

** Cette lettre n'a point été achevée.

LETTRE LXV.

AU MÊME.

10 décembre 1751.

SIRE,

Affublé d'un bonnet qui couvre de ses bords
Le peu que les destins m'ont donné de visage,
Sur un grabat étroit, où gît mon maigre corps,
Oublié des plaisirs et mis au rang des morts,
    Que fais-je, à votre avis? j'enrage.
Il est vrai, *Salomon*, que, dans un bel ouvrage,
Vous m'avez enseigné qu'il faut savoir vieillir,
    Souffrir, mourir, s'anéantir.
Faute de mieux, Grand Roi, c'est un parti fort sage;
Je fais assez gaîment ce triste apprentissage.
Du mal qui me poursuit je brave en paix les coups;
    Je me sens assez de courage
Pour affronter la nuit du ténébreux rivage,
    Mais non pas pour vivre sans vous.

                VOLTAIRE.

LETTRE LXVI*.

AU MÊME.

10 décembre 1751.

SIRE,

COMME vos ouvrages sont plus tentans que les miens, il pourra arriver quelque jour à Votre Majesté ce qui m'arrive à mesure qu'on imprime chez Henning les feuilles de *Louis XIV* : on les envoyait à Francfort-sur-l'Oder; non-seulement on y débite le livre publiquement, mais l'ouvrage est plein de fautes absurdes. Je ne parle pas de la perte que j'essuie; mais le pauvre Francheville perd tout le prix de six mois de peines, et je suis déshonoré par une friponnerie de libraire. Les fins d'année ne me sont pas heureuses, mais je vous ai consacré ma vie, et avec cela on n'est point à plaindre.

* Cette lettre a la même date que les vers précédens.

Votre Majesté peut, d'un mot, non-seulement faire arrêter le libraire à Francfort, faire saisir son édition, et savoir d'où vient le vol, mais donner ordre qu'on examine, sur le chemin de Leipsick, les voitures de Francfort qui contiendront des livres, et qu'on saisisse celui qui portera le titre de *Siècle de Louis XIV*; car le libraire, à Francfort, envoie sans doute son vol à Leipsick.

Votre Majesté sait mieux que moi ce qu'elle doit faire; mais j'attends tout de sa justice et de sa bonté. Je me jette à ses pieds et entre les bras de la philosophie; mais je compte bien moins sur votre philosophie que sur votre protection.

Souffrez, Sire, que je renouvelle à Votre Majesté, à la fin de cette année, les sentimens du profond respect et de la tendresse qui m'attachent à elle.

VOLTAIRE.

LETTRE LXVII.

AU MÊME.

30 janvier 1752.

SIRE,

Quant à Pascal, je vous supplie de lire la page 274 du tome que j'ai eu l'honneur d'envoyer à Votre Majesté, et vous jugerez si sa cause est bonne.

Quant à Mme. de Bentink, elle n'a point de cousine, et j'en ai une ici et une à Paris.

Quant aux procès et aux tracasseries, je n'en ai qu'avec la maladie cruelle qui me mène au tombeau.

Je vis dans la plus profonde solitude et dans les plus grandes souffrances, et je conjure Votre Majesté de ne pas briser le roseau frêle que vous avez fait venir de si loin.

M. de Bielefelt a fait restituer, il y a long-temps, les exemplaires que votre imprimeur avait donnés à un professeur de Francfort-sur-l'Oder.

J'étais affligé avec raison qu'un autre en eût avant Votre Majesté; voilà tout le procès et toute la tracasserie.

Est-il possible que la calomnie ait pu aller jusqu'à m'accuser d'un mauvais procédé dans cette affaire? C'est ce que je ne puis comprendre. L'ouvrage est à moi, comme l'*Histoire de Brandebourg* à Votre Majesté; permettez-moi l'insolence de la comparaison.

Quel démêlé, quelle discussion puis-je avoir pour une chose qui m'appartient et qui est entre mes mains? Que deviendrai-je, Sire, si une calomnie si peu vraisemblable est écoutée? La franchise, qui est le caractère de la capitale de la France et le mien, mérite que vous daigniez m'instruire de ma faute, si j'en ai fait une; et, si je n'en ai pas commise, je demande justice à votre cœur.

Vous savez qu'un mot de votre bouche est un coup mortel. Tout le monde dit, chez la Reine-mère, que je suis dans votre disgrâce; un tel état décourage et flétrit l'ame, et la crainte de déplaire ôte tous les moyens de plaire. Daignez me rassurer contre la défiance de moi-même, et ayez du moins pitié d'un homme que vous avez promis de rendre heureux.

Vous avez dans le cœur les sentimens d'hu-

manité que vous mettez dans vos beaux ouvrages; je réclame cette bonté, afin que je puisse
paraître devant Votre Majesté avec confiance,
dès que mes maux le permettront. Soyez sûr,
que je meure ou que je vive, que je n'étais pas
indigne de vous, et qu'en me donnant à Votre
Majesté, je n'avais cherché que votre personne.

VOLTAIRE.

LETTRE LXVIII.

AU MÊME.

1752.

SIRE,

Je mets aux pieds de Votre Majesté un ouvrage composé en partie dans votre maison, et
je lui en présente les prémices long-temps avant
qu'il ne soit publié. Votre Majesté est bien persuadée que, dès que ma malheureuse santé
pourra me le permettre, je viendrai à Postdam
sous votre bon plaisir.

Je suis bien loin d'être dans le cas d'un de

vos bons mots : « Qu'on vous demande la permission d'être malade. » J'aspire à la seule permission de vous voir et de vous entendre. Vous savez que c'est ma seule consolation et le seul motif qui m'a fait renoncer à ma patrie, à mon Roi, à mes charges, à ma famille, à des amis de quarante années; je ne me suis laissé de ressources que dans vos promesses sacrées, qui me soutiennent contre la crainte de vous déplaire.

Comme on a mandé à Paris que j'étais dans votre disgrâce, j'ose vous supplier très-instamment de me dire si je vous ai déplu en quelque chose; je peux faire des fautes, ou par ignorance, ou par trop d'emportement, mais mon cœur n'en fera jamais. Je vis dans la plus profonde retraite, donnant à l'étude le temps que des maladies cruelles peuvent me laisser : je n'écris qu'à ma nièce. Ma famille et mes amis ne se rassurent contre les prédictions qu'ils m'ont faites, que par les assurances respectables que vous leur avez données*. Je ne lui parle que de vos bontés, de mon admiration pour votre génie, du bonheur de vivre auprès de

* Voyez le *Commentaire historique,* page 74, tome 63, *Œuvres complètes,* édition de Kehl.

vous. Si je lui envoie quelques vers où mes
sentimens pour vous sont exprimés, je lui recommande de même de n'en tirer jamais copie,
et elle est d'une fidélité exacte.

Il est bien cruel que tout ce qu'on a mandé à
Paris la détourne de venir s'établir avec moi et
recueillir mes derniers soupirs. Encore une fois,
Sire, daignez m'avertir s'il y a quelque chose à
reprendre dans ma conduite ; je mettrai cette
bonté au rang de vos plus grandes faveurs. Je
le mérite, m'étant donné à vous sans réserve.
Le bonheur de me sentir moins indigne de vous
me fera soutenir patiemment les maux dont je
suis accablé.

VOLTAIRE.

LETTRE LXIX.

AU MÊME.

Dimanche, 1752.

SIRE,

J'ESPÉRAIS venir mettre hier à vos pieds ce
petit tribut, heureux s'il pouvait être dans la
bibliothèque de Votre Majesté, au-dessous de

l'*Histoire de Brandebourg*, comme le serviteur au-dessous du maître. Mon triste état ne m'a pas permis de remplir mes désirs ; je me flatte encore que mercredi ou jeudi je pourrai jouir de ce bonheur, et reprendre un reste de vie par vos bontés. Celui qui a dit si heureusement et d'une manière si touchante, *qu'il était Roi sévère et citoyen humain* ; celui qui a daigné rassurer ma famille contre ses craintes, se souviendra que depuis seize ans je lui suis attaché. Comment, Sire, après ce temps, ne me serais-je pas donné entièrement à vous, quand je joins à l'étonnement où vos talens me jettent, le bonheur de trouver mes sentimens, mes goûts, justifiés par les vôtres, la même horreur des préjugés, la même ardeur pour l'étude, la même impatience de finir ce qui est commencé, avec la patience de le polir et de le retoucher ? Vous m'encouragez au bout de ma carrière, et à présent que vous êtes parfaitement dans la connaissance et dans l'usage de toutes les finesses de notre langue, en vers et en prose ; à présent que je ne vous suis plus d'aucun secours pour les bagatelles grammaticales, vous me souffrirez par bonté, par générosité, par cette constance attachée à vos vertus ! Vous n'ignorez pas que mon cœur est fait pour être sensible avec persévérance ; que j'ai vécu vingt ans avec la même personne ; que mes amis sont des amis de plus de quarante années ; que je n'en ai perdu que par la mort, et que ma passion pour vous, vous a fait le maître de ma destinée.

VOLTAIRE.

Nota. A la marge sont écrits ces mots :

Sire, pardon, un gros pâté d'encre a obligé de couper le feuillet.

La feuille sur laquelle est écrite cette lettre, est sale, enfumée. (*Note de l'Éditeur*)

LETTRE LXX.

AU MÊME.

1752.

SIRE,

J'AI lu la nuit, et le matin depuis le *Grand Electeur* jusqu'à la fin*, parce qu'on ne peut pas lire deux moitiés à la fois. Quand vous

---

* Les *Mémoires de la maison de Brandebourg.*

n'auriez fait que cela dans votre vie, vous auriez une grande réputation ; mais cet ouvrage, unique dans son genre, joint aux autres, et par parenthèse à cinq victoires et à tout ce qui s'ensuit, fait de vous l'homme le plus rare qui ait jamais existé. Je remercie mille fois Votre Majesté du beau présent qu'elle a daigné me faire.

Mon Dieu! que cela est net, élégant, précis, et surtout philosophique ! On voit un génie qui est toujours au-dessus de son sujet : l'histoire des mœurs, du gouvernement et de la religion est un chef-d'œuvre. Si j'avais une chose à souhaiter et une grâce à demander, ce serait que le Roi de France lût surtout attentivement l'article de la religion, et qu'il envoyât ici l'ancien évêque de Mirepoix *.

Sire, vous êtes adorable ; je passerais mes jours à vos pieds : ne me faites jamais de niches. Si des rois de Danemarck, de Portugal, d'Espagne, etc., m'en fesaient, je ne m'en soucierais guère : ce ne sont que des Rois ; mais vous êtes le plus Grand-Homme qui peut-être ait jamais régné.

Et votre sixième chant, Sire, l'aurons-nous ? **

VOLTAIRE.

* M. Boyer.
** Le VIe. chant du poëme intitulé l'*Art de la Guerre.*

LETTRE LXXI.

AU MÊME.

1752.

SIRE,

Vous avez perdu plus que vous ne pensez ; mais Votre Majesté ne pouvait penser que, dans un gros livre plein de fatras théologique , et où l'abbé de *Prades* est toujours misérablement obligé de soutenir ce qu'il ne croit pas , il se trouvât un morceau d'éloquence digne de Pascal , de Cicéron et de vous *.

Lisez , je vous en supplie , Sire , seulement depuis 103 jusqu'à 105, à l'endroit marqué , et jugez si on a dit jamais rien de plus fort , et si le temps n'est pas venu de porter les derniers coups à la superstition. Ce morceau m'a paru d'abord être de Dalembert ou de Diderot ;

* Voltaire parle de l'*Apologie de l'abbé de Prades*, page 103, IIe. partie. Août 1752.

mais il est de l'abbé Ivon : jugez si j'avais tort de vouloir travailler avec lui à l'*Encyclopédie de la raison.*

Comparez ces deux pages avec la misérable phrase d'écolier de rhétorique, par où commence le *Tombeau de la Sorbonne :* « un vaisseau de la Sorbonne, sans voiles et sans timon, donnant contre des écueils, a été fracassé sans ressource. »

Cela ressemble au fameux plaidoyer fait contre les p...... de Paris : « Elles allèrent dans la rue Brisemiche chercher un abri contre les tempêtes élevées sur leurs têtes dans la rue Chapon. » Vous sentez combien il est ridicule d'appliquer à la Sorbonne ce que Cicéron disait des secousses de la République romaine.

Il y a des choses que je fais, il y a des choses sur lesquelles je donne des conseils, d'autres où j'insère quelques pages, d'autres que je ne fais point; mais ce qui m'appartient uniquement, c'est mon érésipèle, mon amour pour la vérité, mon admiration pour votre génie, et mon attachement à la personne de Votre Majesté.

VOLTAIRE.

LETTRE LXXII.

AU MÊME.

1752.

SIRE,

Je mets à vos pieds Abraham et un catalogue ; le père des Croyans n'est qu'ébauché , parce que je suis sans livres ; mais si Votre Majesté jette les yeux sur un article dans Bayle , elle verra que cette ébauche est plus pleine , plus curieuse et plus courte. Ce livre, orné de quelques actes de votre main , ferait du bien au monde : Cherizac coulerait à fond les Saints Pères.

Il y a grande apparence que j'ai fait une grosse sottise en envoyant à Votre Majesté un Mémoire détaillé ; mais, Sire , j'ai parlé en philosophe , qui ne craint pas de faire des fautes devant un Roi philosophe, auquel il est assurément attaché avec tendresse. Je peux très-bien me corriger de mes sottises, mais non en rougir. J'aurai encore la hardiesse de dire que je ne conçois pas comment on peut habiller, tous les ans, cent cinquante mille hommes, nourrir tous les officiers de vos gardes, bâtir des forteresses, des villes, des villages, des manufactures, avoir trois spectacles, donner tant de pensions, etc.

Il m'a paru qu'il y avait une prodigieuse indiscrétion à moi de proposer de nouvelles dépenses à Votre Majesté, pour mes fantaisies, quand elle me donne cinq mille écus par an pour ne rien faire.

De plus, je ne connais que le style des personnes que j'ai voulu attirer ici pour travailler, et point leur caractère ; il se pourrait qu'étant appelées par vous, pour un ouvrage qui ne laisse pas d'être délicat, et qui demande le secret, elles fissent les difficiles, s'en allassent et vous compromissent : en me chargeant de tout, sous vos ordres, Votre Majesté n'était compromise en rien.

Voilà mes raisons : si elles ne vous plaisent pas ; si Votre Majesté ne se soucie pas de l'ouvrage proposé, me voilà résigné avec la même soumission que je travaillais avec ardeur.

Si Votre Majesté a des ordres à me donner, ils seront exécutés.

Pourvu que je me console de mes maux par

l'étude et par vos boutés, je vivrai et mourrai
content.

A cette lettre était jointe la pièce de vers suivante.

> A votre table divine,
> En vain je suis appelé,
> Quand chez moi *l'Homme Machine*
> De tourmens est accablé.
>
> Que votre philosophie,
> Que votre aspect courageux
> M'inspire et me fortifie
> Dans mes combats douloureux.
>
> Que vos lumières brillantes
> M'éclairent malgré mes maux,
> Comme les lampes ardentes
> Qui brûlent dans les tombeaux.
>
> Ici sous les yeux d'un sage
> Que je vive sagement,
> Que je souffre avec courage,
> Que je meure en vous aimant.
>
> VOLTAIRE.

LETTRE LXXIII.

AU MÊME.

A Postdam, 5 septembre 1752.

SIRE,

Votre pédant en points et en virgules, et votre disciple en philosophie et en morale, a profité de vos leçons, et met à vos pieds *la Religion naturelle*, la seule digne d'un être pensant; vous trouverez l'ouvrage plus fort et plus selon vos vues. J'ai suivi vos conseils, il en faut à quiconque écrit. Heureux qui peut en avoir de tels que les vôtres !

Si vos bataillons et vos escadrons vous laissent quelque loisir, je supplie Votre Majesté de daigner lire avec attention cet ouvrage, qui est en partie l'exposition de vos idées, et en partie celle des exemples que vous donnez au monde. Il serait à souhaiter que ces opinions se répandissent de plus en plus sur la terre; mais combien d'hommes ne méritent pas d'être éclairés !

Je joins à ce paquet ce qu'on vient d'imprimer en Hollande. Votre Majesté sera peut-être bien aise de relire l'éloge de la Métrie. Cet éloge est plus philosophique que tout ce que ce fou de philosophe avait écrit : les grâces et la légèreté du style de cet éloge y parent continuellement la raison.

Il n'en est pas de même de la pesante lettre de *Haller*, qui a la sottise de prendre sérieusement ma plaisanterie. La réponse grave de Maupertuis n'était pas ce qu'il fallait; c'était bien le cas d'imiter *Swift*, qui persuadait à l'astrologue *Partridge* qu'il était mort. Persuader un vieux médecin qu'il avait fait des leçons au b..... eut été une plaisanterie à faire mourir de rire.

Nous attendrons tranquillement Votre Majesté à Postdam. Qu'irais-je faire à Berlin? ce n'est pas pour Berlin que je suis venu, quoique ce soit une fort belle ville; c'est uniquement pour vous. Je souffre mes maux aussi gaiement que je peux. D'*Argens* s'amuse et engraisse; *Arius de Prades* est un très-aimable hérésiarque; nous vivons ensemble en louant Dieu et Votre Majesté, et en sifflant la Sorbonne. Nous avons de beaux projets pour l'avancement de la raison humaine; mais un plus beau projet, c'est *Gustave Vasa*, il n'y a pas moyen d'y penser en Silésie; mais je me flatte qu'à Postdam vous ne résisterez pas à la grâce efficace qui vous a inspiré ce bon mouvement. Le sujet est admirable et digne de votre génie universel.

Je me mets à vos pieds.

VOLTAIRE.

LETTRE LXXIV.

AU MÊME.

1752.

SIRE,

J'AVAIS écrit ce matin une lettre à l'abbé de Prades, pour être montrée à Votre Majesté. Depuis ce temps, il a eu un exemplaire de l'édition de la Beaumelle, dont vous l'aviez chargé de vous rendre compte. Je lui ai redemandé aussitôt ma lettre, comptant alors prendre la liberté d'écrire moi-même à Votre Majesté; mais me trouvant très-mal, et ne pouvant écrire une lettre de détail dans ce moment, je supplie Votre Majesté de permettre que je lui envoie la lettre, ou plutôt le mémoire de ce matin. Je la conjure de laisser périr un mauvais ouvrage qui tombera de lui-même, et d'avoir pitié de l'état si affreux où elle m'a réduit.

VOLTAIRE.

LETTRE LXXV.

AU MÊME.

1752.

SIRE,

Je n'ai point cultivé cette terre fertile,
J'en ai vu les progrès, et j'en goûte les fruits;
O séjour des Neuf-Sœurs! où Mars même est tranquille,
Paré des dons divers qu'à mes yeux tu produis,
  Tu seras mon dernier asile.
Je renvoie au Héros, dont je suis enchanté,
Cet empoulé fatras d'un ministre entêté,
Triomphe du faux goût, plus que de l'*innocence*,
  Et je garde la vérité,
Que vous daignez m'offrir des mains de l'éloquence.

VOLTAIRE.

LETTRE LXXVI.

AU MÊME.

1753.

SIRE,

CE n'est sans doute que dans la crainte de ne pouvoir plus me montrer devant Votre Majesté, que j'ai remis à vos pieds des bienfaits qui n'étaient pas les liens dont je suis attaché à votre personne; vous devez juger de ma situation affreuse, de celle de toute ma famille. Il ne me restait qu'à m'aller cacher pour jamais, et déplorer mon malheur en silence. M. *Federsdoff*, qui vient me consoler dans ma disgrâce, me fait espérer que Votre Majesté daignerait écouter envers moi la bonté de son caractère, et qu'elle pourrait réparer, par sa bienveillance, s'il est possible, l'opprobre dont elle m'a comblé*. Il est bien sûr que le malheur de vous avoir déplu n'est pas le moindre que j'éprouve;

* L'*Akakia* venait d'être brûlé par ordre du Roi.

mais comment paraître? comment vivre? je n'en sais rien ; je devrais être mort de douleur. Dans cet état horrible, c'est à votre humanité à avoir pitié de moi. Que voulez-vous que je devienne et que je fasse? je n'en sais rien ; je sais seulement que vous m'avez attaché à vous depuis seize années. Ordonnez d'une vie que je vous ai consacrée depuis long-temps, et dont vous avez rendu la fin si amère; vous êtes bon, vous êtes indulgent; je suis le plus malheureux homme qui soit dans vos États : ordonnez de mon sort.

VOLTAIRE.

Nota. Il existe un *fac simile* de cette lettre ; mais elle n'a jamais été recueillie dans les *OEuvres complètes* de Voltaire.

LETTRE LXXVII.

AU MÊME.

A Berlin, au Belvédère, 12 mars 1753.

SIRE,

J'AI reçu une lettre de Kœnig, toute ouverte; mon cœur ne l'est pas moins. Je crois de mon devoir d'envoyer à Votre Majesté le duplicata

de ma réponse; j'ai tant de confiance en ses
bontés et en sa justice, que je ne lui cache
aucune de mes démarches; je vous soumettrai
ma conduite toute ma vie, en quelque lieu que
je me trouve. Je suis ami de Kœnig, il est vrai;
mais assurément je suis plus attaché à Votre
Majesté qu'à lui; et s'il était capable de manquer le moins du monde à ce qu'il vous doit,
je romprais pour jamais avec lui.

Soyez convaincu, Sire, que je mets mon devoir et ma gloire à vous être attaché jusqu'au
dernier moment; ces sentimens sont aussi inef-
façables que mon affliction, que chaque moment augmente.

Je me jette à vos pieds, et j'attends les ordres
de Votre Majesté.

VOLTAIRE.

Nota. La réponse suivante du roi de Prusse aux deux
dernières lettres de Voltaire ne se trouve ni dans la
correspondance originale, déposée à la Bibliothèque du
Roi, ni dans aucun recueil des *OEuvres complètes* du
philosophe; mais elle parut dans *Voltaire peint par
lui-même,* du vivant de Frédéric, qui ne la désavoua
point, malgré sa réconciliation avec Voltaire.

———

RÉPONSE DU ROI DE PRUSSE A VOLTAIRE.

16 mars 1753.

Vous êtes bien le maître de quitter mon service quand vous voudrez; mais, avant de partir, faites-moi remettre le contrat de votre engagement, la clef, la croix et le volume de poésies que je vous ai confiés. Je souhaiterais que mes ouvrages eussent été seuls exposés à vos traits et à ceux de *Kœnig*; je les sacrifie de bon cœur à ceux qui croient augmenter leur réputation en diminuant celle des autres. Je n'ai ni la folie, ni la vanité de certains auteurs; les cabales des gens de lettres me paraissent l'opprobre de la littérature; je n'en estime pas moins les honnêtes gens qui les cultivent; les chefs de cabales sont seuls avilis à mes yeux.

Nota. Voltaire quitta peu de jours après la Cour du roi de Prusse.

LETTRE LXXVIII.

A DARGET.

A Berlin, en janvier 1750.

Mon cher ami, quand je vous écris c'est
pour vous seul, c'est à vous seul que j'ouvre
mon cœur; je suis si malade que je ne sens pas
mes afflictions; mon ame est morte, et mon
corps se meurt. Je vous conjure de vous jeter,
s'il le faut, aux pieds du Roi, et d'obtenir de
lui que je me retire au Marquisat* à la fin de
ce mois, et que j'y reste jusqu'au mois de mai.
Il est vrai que je ne pourrais guère m'y passer
des mêmes bontés et des mêmes générosités dont
il m'honore à Berlin, et qu'il est impertinent
à moi d'en abuser à ce point; mais, mon cher
ami, tâchez d'obtenir bien respectueusement,
bien tendrement que ma pension soit retranchée, à compter depuis février jusqu'au temps
de mon retour; j'aime infiniment mieux raccom-
moder ma santé que de toucher de l'argent:

* Château royal dans une campagne près de Berlin.

ce que le Roi daigne faire pour moi coûte autant qu'une forte pension ; ce double emploi n'est pas juste.

Je n'ai que faire d'argent, mon cher ami ; je veux la campagne, du petit lait, du bon potage, des livres, votre société, et les nouveaux ouvrages d'un Grand-Homme qui m'a juré de ne pas me rendre malheureux. •

Ce que je lui demande adoucira tous mes maux ; qu'il dise seulement à M. Federeesdoff* qu'on ait soin de moi au Marquisat. J'ai des meubles que je ferai partir ; j'ai presque tout ce qu'il me faut, hors un cuisinier et des carrosses ; je n'aurai cela que quand je reviendrai avec ma nièce, qui prend enfin** pitié de mon état, et qui consent à se retirer avec moi à la campagne pour me consoler. En un mot, il dépend du Roi de me rendre la vie ; j'ai tout quitté pour lui, il ne peut me refuser ce que je lui demande : il s'agit de rétablir ma santé pendant deux mois et demi au Marquisat, et d'y vivre à ma fantaisie.

* Soldat devenu valet de chambre favori du Roi.

** Il paraît, par cette phrase, que Mme. Denis ne partageait pas toujours les inquiétudes de son oncle sur le mauvais état du philosophe.

Mais je veux absolument que ma pension soit retranchée pendant tout ce temps là, et pendant celui de mon absence jusqu'à mon retour avec ma nièce ; elle fera partir tous mes meubles de Paris le premier juin, et je vous réponds que le reste de ma vie sera tranquille et philosophique. Soyez sûr que son amitié et la mienne contribueront à la douceur de votre vie. Elle ne me parle que de vous ; elle vous aime de tout son cœur, et je vous demanderai bientôt votre protection auprès d'elle. Comptez que c'est une femme charmante, et que personne n'a plus de goût, plus de raison et plus de douceur ; elle est plus capable de sentir le mérite des ouvrages du Salomon du Nord que tout ce qui l'entoure. Si je puis espérer de rester au Marquisat avec elle, ma vie sera aussi heureuse qu'elle est horrible depuis trois mois.

Je vous embrasse tendrement ; réussissez dans votre négociation, il le faut absolument.

P. S. La vraie amitié réussit toujours.

VOLTAIRE.

LETTRE LXXIX.

AU MÊME.

Ce dimanche, 1751.

Mon cher ami, voici une lettre pour le Roi, que je vous prie de lui remettre. Ma foi, j'ai tort d'avoir voulu avoir raison contre un misérable, et le Roi a plus de bon sens que moi, comme il a plus de talent. Je ne sais pas comment diable il fait pour être aussi sage en faisant des vers; il serait plaisant que je mourusse de cela. Je voudrais déjà être au Marquisat; mais ce ne sera que pour le 6 ou le 7; car l'humeur s'est un peu jetée sur la poitrine, et les gencives n'en sont pas mieux. Malgré le peu d'approbation qu'ait eu la saignée de M. le C. de Rotembourg, j'ai très-grande foi à la Métric; qu'on me montre un élève de Boerhaave qui ait plus d'esprit, et qui ait mieux écrit sur son métier.

Mais qu'il guérisse vos yeux, voilà d'abord ce que je lui demande.

J'étais fort en peine de M. Damon *, et d'un gros paquet pour l'édition qu'on fait à Paris de mes *Rêveries*, édition qui, par parenthèse, ne vaudra pas mieux que les autres, parce qu'elle a été faite sans me consulter, et pendant mon absence.

Ce Damon, en arrivant chez moi, a trouvé des Damis, des Eraste, des Angéliques et des Clarices qui l'attendaient à souper; on va le voir par curiosité comme un homme venant de la part de Frédéric-le-Grand. Un certain Marquis, un peu bavard, lui ayant fait une enfilade de questions fort longues, M. de Thibouville, qui n'avait encore rien dit, s'approcha de l'oreille de Damon, et lui dit : « Monsieur, je prends acte que tous les Français ne sont pas si pressans. » Il a été huit jours enfermé chez moi sans sortir, parce qu'il fallait qu'il ne fît point de visite avant d'avoir été présenté, et le roi de France est à Versailles tout le moins qu'il peut. M. de Boufflers, colonel des Gardes du roi Sta-

---

* Chambellan du roi de Prusse. Voyez la Lettre du 8 décembre 1750, *Correspondances générales*, au sujet de son voyage à Paris.

nislas, a été tué sans qu'on sache trop comment ; tout le monde en raisonne, et demain personne n'en parlera. *Vanité des vanités.* Adieu.

$$\text{VOLTAIRE.}$$

LETTRE LXXX.

A M. DE LA MÉTRIE,

Fléau des Médecins et de la Mélancolie.

ALLEZ, courez, joyeux lecteur*,
Et le verre à la main, coiffé d'une serviette,
De vos désirs brûlans communiquez l'ardeur
　　Au sein de Philis et d'Annette.
Chaque âge a ses plaisirs ; je suis sur mon déclin ;
　　Il me faut de la solitude,
　　A vous des amours et du vin.
De mes jours trop usés j'attends ici la fin,
　　Entre Frédéric et l'étude ;
Jouissant du présent, exempt d'inquiétude,
　　Sans compter sur le lendemain.

Partez donc avec le mélancolique Darget, et aimez-moi en chemin.

* La Métrie était lecteur du roi de Prusse ; on l'avait surnommé *le Joyeux.*

LETTRE LXXXI.

A M. KOENIG*.

1753.

Vous avez donc reçu, Monsieur, mon paquet du mois de janvier, le 2 mars, et moi j'ai reçu, le 11 mars, votre lettre du 2.

Je vous écris naturellement par la poste, n'écrivant rien que je ne pense, et ne pensant rien que je n'avoue à la face du public.

On se presse trop en Allemagne et en Angleterre de donner des recueils de vos campagnes contre *M....***. Votre victoire n'a pas besoin de *Te Deum*; et puisque vous voulez bien que je vous dise mon avis, je trouve fort mauvais que les goujats de votre armée s'avisent de joindre aux pièces du procès, dans le recueil de Londres, les éloges de *la Métrie* et de *Jordan*. Les Anglais se soucièrent fort peu de ces

---

* Dans l'original il n'y a point d'adresse; mais il est incontestable que cette lettre fut adressée à Kœnig. Voyez la lettre LXXVII, de Voltaire au roi de Prusse.

** Maupertuis.

deux hommes, qui n'ont rien de commun avec
votre affaire. De plus, pourquoi se plaindre
qu'on ait suivi, en faveur de ces académiciens,
la coutume de faire une petite oraison funèbre?
Quel mal y a-t-il à cela? J'avoue que *la Métrie*
avait fait des imprudences, et de méchans livres; mais dans ses fumées il y avait des traits
de flamme. D'ailleurs c'était un très-bon médecin, en dépit de son imagination, et un très-
bon diable, en dépit de ses méchancetés. On n'a
point loué ses défauts dans son éloge, on a jus-
tifié sa liberté de penser, et en cela même on
a rendu service à la philosophie; mais encore
une fois tout cela est étranger à la querelle présente, et la matière n'est point une pièce de
procès. Je vous conjure de vous tenir dans les
bornes de vos états, où vous serez toujours vic-
torieux. Toute l'Europe littéraire, qui s'est dé-
clarée pour vous, approuve que vous donniez
une histoire de l'injustice qu'on vous a faite,
que vous rapportiez tous les témoignages des
académies et des universités en votre faveur.
Vos propres raisons ne sont pas les témoignages
les moins convaincans. Vous sentez que cette
histoire, qui doit passer à la postérité et servir
d'époque et de leçon à tous les gens de lettres,
doit être écrite très-sérieusement, et avec autant

de circonspection que de force. Il ne s'agit pas ici de plaisanterie, il s'agit d'instruire; il s'agit de confondre, par la raison, l'erreur et la violence. Il me semble que chaque genre doit être traité dans le goût qui lui est propre. Les plaisanteries conviennent, quand on répond à un ouvrage ridicule qui ne mérite pas d'être sérieusement réfuté.

Enfin, Monsieur, voici mon avis que je soumets à vos lumières; premièrement, la partie historique, traitée avec sagesse et avec une éloquence touchante, sans compromettre personne et sans rien mêler d'étranger à l'affaire; secondement, vos démonstrations mathématiques, et les témoignages des académies; et enfin, puisqu'on ne peut s'en empêcher, les pièces agréables et réjouissantes qui ont paru à cette occasion.

Surtout, Monsieur, comme ce recueil subsistera, tant qu'il y aura au monde des académies, je vous demande en grâce qu'il n'y ait rien de personnel dans les plaisanteries. Le libraire *Luzac* avait promis plusieurs fois de retrancher de la diatribe* une raillerie concernant une maladie qu'on a eue à Montpellier;

* Voyez *Diatribe du docteur Akakia, OEuvres complètes.*

il faut absolument qu'il tienne sa parole dans l'édition du recueil. Un impertinent ouvrage est livré au ridicule ; mais les personnes doivent être ménagées.

Avec ces précautions, vous aurez pour vous les contemporains et la postérité, personne n'aura droit de se plaindre ; c'est ce que je peux vous prédire sans exalter mon ame, qui est toute à vous. A l'égard de mon corps, il est moribond, et je vais chercher à Plombières la fin de mes maux, d'une manière ou d'une autre.

Je viens de lire le dernier mémoire d'*Euler* ; il me paraît confus et absolument destitué de méthode. Je demeure, jusqu'à présent, dans l'idée que je vous ai exposée dans ma lettre du 17 novembre dernier, que lorsque la métaphysique entre dans la géométrie, c'est *Arimane* qui entre dans le royaume d'*Orosmade*, et qui y apporte les ténèbres. On a trouvé le secret, depuis vingt ans, de rendre les mathématiques incertaines. Rien n'annonce plus la décadence de ce siècle, où tout s'est affaibli, parce qu'on a voulu tout outrer.

VOLTAIRE.

LETTRE LXXXII.

A LA DUCHESSE DE GOTHA.

1753 *.

Vos bontés font dans mon cœur un étrange contraste avec les maladies qui m'accablent ; je viendrais sur-le-champ me mettre aux pieds de Votre Altesse Sérénissime, soit à Gotha, soit à Altembourg, si j'en avais la force ; mais je n'ai pas eu encore celle de me faire transporter aux eaux de Plombières.

Dieu préserve la grande maîtresse des cœurs d'être dans l'état où je suis, et conserve à Votre Altesse Sérénissime cette santé, le plus grand

---

*Cette lettre n'a point de date ; mais elle est du milieu de 1753, époque à laquelle Voltaire se retira auprès de la duchesse de Gotha.

Au haut de cette lettre est une note de la main de Maupertuis, portant ces mots : *Copie d'une lettre de Voltaire à la duchesse de Gotha.*

des biens, sans lequel l'électorat de Saxe, qui devrait vous appartenir, serait si peu de chose, sans lequel l'empire de la terre ne serait qu'un nom stérile et triste. Si je peux, Madame, acquérir une santé tolérable; si je me trouve dans un état où je puisse me montrer; si je ne suis pas condamné par la nature à attendre la mort dans la solitude, il est bien certain que mon cœur me mènera dans votre Cour. Quand j'ai dit que j'en demanderais permission à la nature et à la destinée, je n'ai dit que ce qui n'est trop vrai. Pauvres automates que nous sommes, nous ne dépendons pas de nous-mêmes; le moindre obstacle arrête tous nos désirs, et la moindre goutte de sang dérangée nous tue, ou nous fait languir dans un état pire que la mort même.

Ce que Votre Altesse Sérénissime me mande de Mme. Buchwald redouble mon attendrissement et mes alarmes; elle m'a inspiré l'intérêt le plus vif; il y a certainement bien peu de femmes comme elle : où pourriez-vous trouver de quoi réparer sa perte? *La vie n'est agréable qu'avec quelqu'un, à qui on puisse ouvrir son cœur, et dont l'attachement vrai s'exprime avec esprit, sans avoir envie d'en montrer.* Elle est faite pour vous, Madame; j'ose vous protester que je vous suis attaché comme elle, et que mon cœur a toujours été à Gotha depuis que Votre Altesse Sérénissime a daigné m'y recevoir avec tant de bonté.

Je voudrais l'amuser par quelques nouvelles; mais, heureusement, la tranquillité de l'Europe n'en fournit point de grandes : les grandes nouvelles sont presque toujours des malheurs. Je ne sais rien des petites, sinon qu'un chimiste du duc de Deux-Ponts, nommé *Bull* ou *Pull*, parent, je crois, d'un de vos Ministres, a tenté en vain de créer le salpêtre à Colmar. Il a travaillé à Colmar, pendant trois mois, avec un Saxon, nommé le baron de Planitz, et ni l'un ni l'autre n'ont encore réussi dans le secret de perfectionner la manière de tuer les hommes.

On croit avoir découvert à Londres et à Paris l'art de rendre l'eau de la mer potable, et on pourrait bien n'y pas réussir davantage. De bons livres nouveaux, il n'y en a point; il en paraît quelques-uns sur le commerce. On les dit de quelque utilité; mais il ne se fait plus de livres agréables.

Il semble que depuis quelque temps les livres ne sont composés que pour des marchands et des apothicaires; tout roule sur la physique et le négoce ; cela n'est guère amusant pour une princesse pleine d'esprit et de sentimens, qui veut nourrir son ame. Il faut s'en tenir aux bons ouvrages du siècle passé ; vos propres réflexions, Madame, vaudront mieux que tout ce qu'on fait aujourd'hui. Que ne puis-je être à portée d'admirer de près votre belle ame, tous vos sentimens, votre manière judicieuse de penser ! que ne puis-je renouveler à vos pieds le profond respect et le culte que mon ame a vouée à la vôtre*.

VOLTAIRE.

LETTRE LXXXIII.

A Colmar, 21 novembre 1753.

A M.....

MADAME la duchesse de Gotha a eu la bonté de m'envoyer le petit mot que vous m'adressez ; un mot suffit pour ranimer les passions. Son Altesse Sérénissime avait bien vu qu'elle était

---

* Tout ce dernier paragraphe est *inédit*, et se trouve dans l'original.

la mienne pour la personne respectable dont
vous parlez ; l'intérêt que vous prenez à ma situation me fait un devoir de vous ouvrir mon
cœur : il est sensiblement pénétré, et il doit
l'être.

Ma seule consolation est que le Souverain
qui remplit la fin de ma vie d'amertume, ne
peut pas oublier entièrement des bontés si anciennes et si constantes ; il est impossible que
son humanité et sa philosophie ne parlent tôt
ou tard à son cœur, quand il se représentera qu'il
a daigné m'appeler son ami pendant seize années,
et qu'il m'avait enfin fait tout quitter pour venir auprès de lui.

Il ne peut ignorer avec quels charmes je
cultivais les belles-lettres auprès d'un Grand-
Homme qui me les rendait plus chères. C'est
une chose si unique dans le monde que de voir
un Prince, né à trois cents lieues de Paris,
écrire en français mieux que nos académiciens ;
c'était une chose si flatteuse pour moi d'en être
le témoin assidu, qu'assurément je n'ai pu chercher à m'en priver : il sait bien que je n'ai eu
d'autre ambition que de vivre auprès de sa
personne. Je suis très-riche ; j'ai la même dignité dans la maison du roi de France que j'a-
vais dans la sienne, et je ne regrettais pas la

place d'historiographe de France, que j'avais
sacrifiée.

Quand il daignera se représenter tout ce que
je vous dis là, Monsieur, il verra sans doute
que mon cœur seul me conduisait, et le sien
sera peut-être touché. C'est tout ce que je peux
espérer et tout ce que je peux vous dire dans
l'état où m'a jeté la goutte, qui s'est jointe à
tous mes maux ; ils n'ôtent rien à la sensibilité
que votre bienveillance m'inspire. Comptez que
je suis, Monsieur, avec la plus tendre reconnaissance,

Votre très - humble et très - obéissant
serviteur,

VOLTAIRE.

LETTRE LXXXIV.

A M. DE PAULMY-D'ARGENSON*.

A Colmar, 20 février 1754.

VOTRE bibliothèque souffrira-t-elle encore ce
rogaton ? Je vous supplie, Monseigneur, de faire

* Les originaux des deux lettres qu'on va lire, sont
à la bibliothèque de MONSIEUR, à l'Arsenal.

relier cette préface avec cette belle *Histoire universelle*. Voudriez-vous bien avoir la bonté de donner l'exemplaire ci-joint à M. le président Hénault, comme à un confrère à l'académie, et à mon maître en Histoire : pardonnez-moi cette liberté.

Quoique je ne sois pas sorti de mon lit ou de ma chambre depuis cinq mois, je ne suis pas moins enchanté de votre Haute-Alsace. On y est pauvre, à la vérité ; mais l'évêque de Porentru a deux cent mille écus de rente, et cela est bien juste. Les jésuites allemands gouvernent son diocèse avec toute l'humilité dont ils sont capables ; ce sont gens de beaucoup d'esprit. J'ai appris qu'ils firent brûler Bayle dans Colmar, il y a quatre ans. Un avocat-général, nommé Muller, homme supérieur, porta son Bayle dans la place publique, et le brûla lui-même ; plusieurs génies du pays en firent autant. Comme vous êtes secrétaire de la province, je vous supplie de m'envoyer votre Bayle, bien relié, afin que je le brûle dès que je pourrai sortir.

Je vous avais supplié de m'honorer d'un petit mot de protection auprès du procureur-général pour éviter un extrême ridicule, dont le scandale irait jusqu'aux oreilles du Roi ; mais j'ai peut-être mal pris mon temps, et j'ai bien peur que, dans un accès de goutte, vous n'ayez pris pour moi un accès d'indifférence; mais je consens à être excommunié, moi et mon *Histoire* prétendue universelle, si vous êtes quitte de votre goutte.

Je suis fâché de dire à un grand Ministre que j'ai un peu le scorbut et quelque atteinte d'hydropisie. Je vous supplie très-sérieusement de croire que je suis obligé, pour ne point mourir, de voyager et de chercher quelque abri un peu chaud. Comme je n'ai reçu aucun ordre positif du Roi, et que je ne sais ce qu'on me veut, je me flatte qu'il me sera permis de porter mon corps mourant ou bon me semblera. Le Roi a dit à Mme. de Pompadour qu'il ne voulait pas que j'allasse à Paris; je pense comme Sa Majesté : je ne veux pas aller à Paris, et je suis persuadé qu'il trouvera bon que je me promène au loin. Je remets le tout à votre bonté et à votre prudence. Si vous jugez à propos, Monseigneur, d'en dire un mot au Roi, *in tempore opportuno*, et de lui en parler comme d'une chose simple, qui n'exige pas de permission, je vous aurai réellement obligation de la vie. Je suis persuadé que le Roi ne veut pas que je meure dans l'hôpital de Colmar.

En un mot, je vous supplie de sonder

l'indulgence du Roi; il est bien affreux de souffrir tout ce que je souffre pour un mauvais livre
qui n'est pas de moi. Je suis dans votre départe-
tement; ainsi ma prière et mon espérance sont
dans les règles.

·Daignez me faire savoir si je puis voyager; je
vous aurai l'obligation d'exister, et je vivrai
plein du plus tendre respect pour vous.

Pardon de cette énorme lettre.

VOLTAIRE.

LETTRE LXXXV.

AU MÊME.

A Colmar, 13 août 1754.

PERMETTEZ, Monseigneur, qu'on prenne encore la liberté d'ajouter un volume à votre bibliothèque. Voici un petit pavillon d'un bâtiment immense, dont les deux premières ailes,
qu'on a données très-indignement sous mon
nom, ne sont pas certainement de mon architecture. Si je vis encore un an, je compte bien

avoir l'honneur de vous envoyer tout l'édifice de ma façon; on verra une énorme différence, et on me rendra justice. Votre suffrage, si vous avez le temps de le donner, sera la plus chère récompense de mes travaux.

Madame Denis, ma garde-malade, et moi, nous vous présentons les plus tendres respects*.

VOLTAIRE.

* Voyez la notice suivante au sujet de ces deux lettres.

FIN DES LETTRES.

NOTICE.

LES deux dernières lettres ont donné lieu aux observations suivantes, dont on nous pardonnera la longueur, pour peu qn'on réfléchisse au grand jour qu'elles répandent sur les sentimens secrets de Voltaire, et sur les deux annécs qu'il passa dans l'Alsace, l'époque la plus critique et la moins connue de sa vie. Condorcet, dans la Vie de cet écrivain, ne dit presque rien de ces deux années, soit qu'il ne fût pas assez amplement informé, soit qu'il ait voulu jeter un voile sur cette partie de l'histoire de Voltaire.

Quoi qu'il en soit, ces deux lettres, et les conséquences qu'on en peut tirer, donnent des éclaircissemens très-positifs sur l'état et les alarmes de Voltaire, dans cet espace de temps. Dans la première, il fait hommage au Ministre si connu pour son amour envers les lettres, de l'édition qu'il vient de donner à Londres, ou plutôt à Paris, de son *Abrégé de l'Histoire universelle*, édition qu'il s'était empressé de publièr pour effacer l'impression qu'avait faite à la Cour de France, celle du même ouvrage qui

venait de paraître à La Haie, chez *Jean Neaulme*,
où l'on remarquait des fautes grossières et beaucoup de pensées trop hardies.

Voltaire se garde bien d'exposer de suite
le motif de sa lettre; après plusieurs détours, il
arrive au but. Il avait prié M. le secrétaire-
d'État, de l'honorer d'*un petit mot de protection* auprès du procureur - général, vraisemblablement pour étouffer, dès son origine, la
procédure dont il était menacé au parlement,
pour son *Abrégé de l'Histoire universelle* : point
de réponse. Ce silence ajoutait à son inquiétude,
qu'il découvrait malgré lui dans les mots suivans : « Je ne sais ce qu'on me veut; je ne reçois aucun ordre positif du Roi. » Il n'était
donc pas en pleine liberté à Colmar; ce qui
paraît très-vraisemblable, puisqu'il n'avait rien
tant à cœur que de voyager, et qu'il avait besoin d'une permission du Roi, pour sortir de
l'Alsace.

Condorcet est ici dans l'erreur : « Voltaire,
dit-il, dans la vie de cet Écrivain, fit alors une
tentative, non pour obtenir la permission de
retourner à Paris (il en eut toujours la liberté),
mais l'assurance qu'il n'y serait point désagréable. »

C'est précisément cette liberté d'aller à Paris,

que Voltaire ne put obtenir dans cette circonstance. Il l'avait demandée au Roi, par l'organe de Mᵐᵉ. de Pompadour, Sa Majesté la refusa : châtiment bien léger, sans doute, pour l'offense que ce Prince avait reçue dans les premières lignes de cet abrégé. Ce n'est point la seule erreur que présente la *Vie de Voltaire* par Condorcet ; elle est moins l'histoire que le panégyrique d'un Écrivain, qui n'avait pas besoin d'éloges.

Voltaire insiste auprès de M. de Paulmy ; « *Il est bien affreux*, dit-il, *de souffrir tout ce que je souffre pour un mauvais livre qui n'est pas de moi.* » Ce livre est l'*Abrégé de l'Histoire universelle*, publié à La Haie.

Serait-il vrai que ce livre ne fût point, en effet, de Voltaire ; qu'on eût osé emprunter son nom, pour le tourner en ridicule et le perdre à la Cour de France ? Il le dit lui-même formellement dans sa première lettre, et le répète dans la seconde d'une manière plus étendue, en faisant hommage au Ministre, du troisième volume qu'il vient de publier, et qui fait suite aux deux premiers : « Voici un petit pavillon d'un bâtiment immense, dont les deux premières ailes qu'on a données très-indignement sous mon nom, ne sont pas certainement de mon architecture*. » Qui ne croirait pas , après cette assertion, que ces deux ailes sont de l'architecture d'un autre? et cependant il écrit au libraire de La Haie, qu'il aurait dû, au moins, le consulter avant que de publier un ouvrage si défectueux; que son éditeur a commis les fautes les plus grossières ; que tous les manuscrits qui sont à Paris , que ceux qui sont actuellement entre les mains du roi de Prusse, de l'électeur Palatin, de la duchesse de Gotha, sont très différens de celui qu'il a publié**.

Il écrit à un professeur d'histoire naturelle que cette prétendue *Histoire universelle* imprimée en Hollande n'était pas pour voir le jour. « Ce sont, lui dit-il, des recueils informes d'anciennes études, auxquelles je m'occupais, il y a environ quinze années, avec une personne respec-

---

* C'était la coutume de Voltaire, de désavouer tous ses ouvrages qui ne réussissaient pas, ou dont la publication pouvait compromettre son repos. C'est ainsi qu'en 1753 , il désavoua sa comédie du *Droit du Seigneur,* qui n'avait réussi ni à la représentation , ni à la lecture, sous prétexte que Cramer, libraire à Genève, était le seul à qui il eût fait présent de ses ouvrages.

** Cette lettre de Voltaire à Jean Neaulme, libraire de La Haie, est écrite du 23 décembre 1753: on la trouve dans le 70°. vol. de l'édition de Kehl, *in-8°.*

table (Mme. du Châtelet); c'est un compte que je me rends librement à moi-même de mes lectures. Mon principal but avait été de suivre les opérations de l'esprit humain dans celles du Gouvernement. Plusieurs personnes voulurent avoir tout le manuscrit tout imparfait qu'il était, et il y en a plus de trente copies*; je les donnai d'autant plus volontiers, que, ne pouvant plus travailler à cet ouvrage, c'étaient autant de matériaux que je mettais entre les mains de ceux qui pouvaient l'achever. Un libraire de La Haie, ayant trouvé un manuscrit plus complet, vient de l'imprimer avec le titre d'*Abrégé de l'Histoire Universelle*. Il ne va que jusqu'à Louis XI; il dit qu'il l'a acheté d'un homme qui demeure à Bruxelles. J'ai ouï dire, en effet, qu'un domestique de Mgr. le prince Charles de

---

* Nous avons lu un de ces manuscrits *in-4°*., intitulé simplement : *Sur les Révolutions du Globe, depuis Charlemagne*. Le mot *Essai* ne fut substitué par Voltaire à celui d'*Abrégé*, qu'après l'édition de La Haie. On le trouve pour la première fois, au troisième vol. *in-12*, qui parut à Leipsick en 1754, faisant suite aux deux volumes qu'il avait fait imprimer à Londres, l'année précédente. Nous pouvons certifier que le manuscrit que nous avons lu, contenait des passages extrêmement virulens en politique, et injurieux aux têtes couronnées, supprimés dans les éditions de La Haie et de Londres.

Lorraine en possédait, depuis long-temps, une copie tombée entre ses mains par un évènement singulier; l'exemplaire fut pris dans une cassette, parmi l'équipage d'un prince, pillé par des hussards dans une bataille donnée en Bohème. Ainsi, on a eu cet ouvrage par droit de guerre, et il est de bonne prise; mais apparemment que les mêmes hussards en ont conduit l'impression; tout y est étrangement défiguré*. »

Cette lettre fut aussi écrite de Colmar, dans le même mois de décembre; mais sans date. Elle est dans le 70e. vol. de l'édit. de Kehl.

Environ deux mois après, le 22 février, Voltaire porta plainte contre le libraire Jean Neaulme, par-devant deux notaires de Colmar; il leur représenta un manuscrit in-4°., *usé de vétusté*, relié en un carton, qui paraissait aussi fort vieux, intitulé : *Essai sur les révolutions du monde et sur l'histoire de l'esprit humain, depuis le temps de Charlemagne jusqu'à nos jours*, 1740, lequel manuscrit il avait reçu la veille venant

---

* Nous avons comparé l'un de ces manuscrits dont Voltaire avait donné, de son aveu, une trentaine d'exemplaires, et que Buisson voulait publier, avec l'édition de Hollande, et nous nous sommes convaincus qu'on n'avait rien défiguré, mais qu'on avait retranché des morceaux beaucoup trop hardis.

de la bibliothèque de Paris, dans un paquet contresigné *Bouvet*.

Il représenta pareillement les deux volumes imprimés à La Haie, tirés, *en quelque partie*, de son manuscrit *; il observa que les deux ouvrages commençaient tous deux de la même façon; mais qu'il y avait entre eux une grande différence, même à la première page; que, dans la troisième ligne du manuscrit, on lisait ces mots: « Les historiens, en cela, ressemblent à quelques tyrans dont ils parlent, ils sacrifient le genre humain; » tandis que l'édition de Hollande portait: « Les historiens, semblables aux Rois, sacrifient le genre humain à un seul homme ** ».

Il fit beaucoup d'autres remarques pour tâcher de prouver la différence qu'il prétendait se trouver entre son manuscrit et l'ouvrage imprimé; il protesta qu'il se pourvoirait, en temps et lieu, contre ceux qui avaient défiguré son travail d'une manière si odieuse ***.

Dans ces lettres à Neaulme et au professeur

---

* Il y avait plus de 200 pages parfaitement conformes.

** C'est aussi ce que portait l'un des trente manuscrits que nous avons eu sous les yeux.

*** Ce procès-verbal se trouve en tête du troisième volume de l'édition de Leipsick.

d'histoire, dans le procès-verbal de ses déclarations, Voltaire ne dit pas que son ouvrage *n'est point de lui;* mais il se plaint qu'il a été défiguré, qu'on aurait dû au moins le consulter avant l'impression.

Voici le motif secret que nous croyons pouvoir donner de la conduite de Voltaire en cette circonstance. Sitôt que l'*Abrégé de l'Histoire universelle* eut paru à La Haie, il s'éleva contre ce livre une nuée de critiques, et l'Auteur apprit que la Cour de France voulait qu'on le dénonçât au Procureur-général. Il crut d'abord devoir nier son propre ouvrage, et il écrivit à M. de Paulmy les deux lettres qu'on vient de lire, et dont ce Ministre pouvait faire usage auprès de Louis XV et du Procureur-général, pour suspendre au moins toutes poursuites, jusqu'à plus ample information, espérant que, pendant cet espace de temps, il pourrait obtenir la permission de voyager, c'est-à-dire, d'aller chez l'étranger, se mettre à l'abri de l'orage qui le menaçait. Le silence que garda le Ministre après avoir reçu sa première lettre, silence dont se plaint Voltaire, prouve que cet homme d'État ne croyait point à la dénégation de l'Écrivain; mais tout fait croire qu'il arrêta la procédure.

Qu'il nous soit permis de terminer ces observations, par quelques idées que l'étude de cette affaire nous a suggérées. Voltaire, en 1747, six ans avant la publication de son ouvrage à La Haie, avait inséré dans le *Mercure*, des morceaux de ce même ouvrage; ils avaient obtenu le plus grand succès, à cette époque où l'esprit philosophique commençait à se répandre. Il y traitait de l'histoire de l'esprit humain, dans le neuvième et le dixième siècle. Ces suffrages prodigués à des fragmens littéraires, uniquement publiés pour donner l'avant-goût d'un ouvrage considérable, étaient plus que suffisans pour engager soit l'Auteur, soit l'Éditeur, à faire imprimer un des trente exemplaires que Voltaire convient d'avoir donnés à diverses personnes de haute naissance.

La publication de cette *Histoire*, l'un des ouvrages les plus hardis de Voltaire, procura un bénéfice extraordinaire et rapide au libraire, puisqu'en trois jours, dit-on, l'édition fut épuisée, quoiqu'on l'eût tirée à un très-grand nombre d'exemplaires; mais elle réveilla contre l'Auteur la haine de tous ses ennemis. Effrayé des poursuites littéraires qui semblaient être les précurseurs des poursuites judiciaires, il écrivit à Mme. de Pompadour, la pria d'obtenir

pour lui de Louis XV, la permission de voyager : la réponse fut négative. C'est alors que
les craintes redoublèrent, et que Voltaire eut
recours à M. de Paulmy. Tout porte à présumer que ce Ministre le fit inviter confidentiellement à publier, le plus tôt possible, le
grand ouvrage sur le même sujet, qu'il annon-
çait dans sa seconde lettre, et surtout à faire
disparaître cette fameuse et virulente introduction qui se trouvait en tête des éditions
faites à La Haie, à Paris, à Genève, à Dresde,
à Leipsick. Voltaire s'empressa d'obéir, mais le
coup était porté, et l'impression s'en était ré-
pandue avec une prodigieuse rapidité.

FIN DE LA NOTICE.

SUPPLÉMENT.

LETTRE LXXXVI.

A MADAME LA MARGRAVE DE BAREITH.

A Monrion, près Lausanne, pays de Vaud, 8 fév. 1757.

MADAME,

JE crois que la suite des nouvelles* que j'ai eu l'honneur d'envoyer à Votre Altesse Royale, lui paraîtra aussi curieuse qu'atroce, et que le Roi son frère en sera surpris.

Il a eu la bonté de m'écrire une lettre, où il daigne m'assurer de ses bonnes grâces. Mon cœur l'a toujours aimé, mon esprit l'a toujours admiré, et je crois fermement que je l'admirerai encore davantage.

---

* L'assassinat de Louis XV occupait alors tous les esprits. Il paraît que Voltaire envoyait par bulletins, à la Margrave de Bareith, les nouvelles qu'il recevait de Paris.

L'impératrice de Russie me demande à Pétersbourg pour écrire l'histoire de Pierre Ier. ; mais Pierre Ier. n'est pas le plus Grand-Homme de ce siècle, et je n'irai point dans un pays, dont le Roi votre frère battra l'armée.

Je ne sais si la nouvelle du changement de ministère en France est déjà parvenue à Votre Altesse Royale. On croit que l'abbé de Bernis aura le premier crédit : voilà ce que c'est que d'avoir fait de jolis vers.

Madame, Madame, le Roi de Prusse est un Grand-Homme.

Que Votre Altesse Royale conserve la santé; qu'elle daigne, ainsi que Monseigneur, honorer de sa protection et de sa bonté, ce vieux Suisse qui lui a été tendrement attaché avec le plus profond respect, dès qu'il a eu l'honneur d'être admis à sa Cour ! Qu'elle n'oublie pas frère V........ !

LXXXVII.

AU ROI DE PRUSSE*.

A Compiègne, ce 26 juin 1750.

Ainsi dans vos galans écrits,
Qui vont courant toute la France,
Vous flattez donc l'adolescence
De ce Darnaud que je chéris,
Et lui montrez ma décadence.

Je touche à mes soixante hivers :
Mais si tant de lauriers divers
Ombragent votre jeune tête,
Grand-Homme, est-il donc bien honnête
De dépouiller mes cheveux blancs
De quelques feuilles négligées,
Que déjà l'envie et le temps
Ont de leurs détestables dents,
Sur ma tête à demi rongées?

* Nous réimprimons cette Épitre, la LXX*. du tome 13 des
Œuvres complètes, à cause des corrections importantes que Voltaire a faites dans les vers 8, 9, 14, 17, 18 et 21, jusqu'au 28*. :
d'ailleurs, la prose qui les suit ne se trouve pas dans l'édition
de Kehl.

Quel diable de Marc Antonin !
Et quelle malice est la vôtre !
Egratignez-vous d'une main,
Lorsque vous protégez de l'autre?

Croyez, s'il vous plait, que mon cœur,
En dépit de mes onze lustres,
Sent encore la plus noble ardeur
Pour le premier des Rois illustres.

Bientôt nos beaux jours sont passés,
L'esprit s'éteint, le temps l'accable;
Les sens languissent émoussés,
Comme des convives lassés
Qui sortent tristement de table.
Mais le cœur est inépuisable,
Et c'est vous qui le remplissez.

Je ne suis à Compiègne, Sire, que pour demander au plus grand Roi du Midi la permission d'aller me mettre aux pieds du plus grand Roi du Nord, et les jours que je pourrai passer auprès de Frédéric-le-Grand seront les plus beaux de ma vie. Je suis exact, je compte les heures, elles seront longues de Compiègne à Sans-Souci. Il y a cent mille sots qui ont été à Rome cette année; s'ils avaient été des hommes, ils seraient venus voir vos miracles.

VOLTAIRE.

LXXXVIII.

A M. THIRIOT*.

A Versailles, le 10 août.

Je vous renvoie vos livres italiens. Je ne lis plus que la religion des anciens mages, mon cher ami. Je suis à Babylone, entre Sémiramis et Ninias. Il n'y a pas moyen de vous envoyer ce que je peux avoir de l'*Histoire de Louis XIV*. *Sémiramis* dit qu'elle demande la préférence, que ses jardins valaient bien ceux de Versailles, et qu'elle croit égaler tous les rois modernes; excepté, peut-être, ceux qui gagnent trois batailles en un an, et qui donnent la paix dans la Capitale de leur ennemi. Mon ami, une tragédie engloutit son homme; il n'y aura pas de liaison avec moi, tant que je

---

* Ce billet, écrit de la main de Voltaire, était attaché à la Lettre XII, page 106.

Nous avons toujours mis *Tiriot*, lorsque Voltaire l'a écrit ainsi: cependant cet ami signait *Thiriot*.

serai sur les bords de l'Euphrate avec l'ombre de Ninus; des incestes et des parricides. Je mets sur la scène un grand-prêtre honnête-homme; jugez si ma besogne est aisée. Adieu : bonsoir. Prenez patience à Bercy. C'est votre lot que la patience*.

* Le reste de la page a été coupé. — Je crois que ce billet était adressé à Thiriot, qui était alors, à Paris, l'agent littéraire du roi de Prusse, et en même-temps celui de sa correspondance. M. de Voltaire le lui avait probablement écrit en lui envoyant la lettre qui précède, et par distraction, l'avait daté du 10 août au lieu du 10 mars. Thiriot, en faisant passer à Berlin la lettre de son ami, y joignit aussi ce billet, parce que les éloges qu'il contenait des victoires du Roi, lui donnait l'occasion de faire sa cour d'une manière à la fois délicate et adroite, et surtout, parce que les derniers mots: *prenez patience à Bercy ; c'est votre lot que la patience ,* pouvaient servir à rappeler à Frédéric, qu'il lui devait depuis douze ans le paiement de sa pension. Voyez dans la *Correspondance générale ,* les Lettres CXXII, CXXIII, CXXV. (*Note de M. Boissonnade.*)

TABLE ALPHABÉTIQUE

DES LETTRES

CONTENUES DANS CE VOLUME.

LETTRES DE Mᵐᵉ. DU CHATELET.

B.

BERGER. page 65

M.

MAUPERTUIS (M. de), I à XXXVII. . . . . 1 à 59

LETTRES DE FRÉDÉRIC A VOLTAIRE.

BILLET. 91
LETTRE I. 204
   II. 246

LETTRES DE VOLTAIRE

A.

ANONYME. 260

ARGENSON (M. de Paulmy d')

Lettre I. . . . . page 263
       II. 295
Notice sur ces deux Lettres 267

AUTEURS de la Gazette Littéraire.

Lettre I. 78
       II. 84
       III. 88

B.

BAREITH (la Margrave de). 279

C.

CAYLUS (M. le Comte de). 75
      Réponse de M. le Comte de. . . 77

D.

DARGET.

Lettre I. 247
      II. 250

F.

FRÉDÉRIC.

72 Lettres de Voltaire au Roi de Prusse, sont
insérées depuis la page 91
jusqu'à celle 244
Épitre. 279

G.

GOTHA (la Duchesse de). 257

K.

KŒNIG. 258

M.

MAUPERTUIS (M. de).

LETTRE I. 67
     II. 99
     III. 72
     IV. 73
     V. 74

MÉTRIE (de la). 252

O.

OLIVET (l'abbé d'). 153

R.

REINE DE PRUSSE (la). 93

T.

THIRIOT. 281

FIN DE LA TABLE.

ERRATA.

Page 42, *ligne* 10. Maison: *lisez*, Mairan

95, 1ʳᵉ. Il y a quelques mois: *lisez*, le sieur Tiriot m'apprit, il y a quelques mois,

97, 16. Leyde: *lisez*, Ledet,

160, *note* 1ʳᵉ. tome 14: *lisez*, tome 13,

205, *vers* 3. preiteux: *lisez*, prétieux

235, *ligne* 8. a été: *lisez*, et

251, 3 et 9. Damon: quoique Voltaire l'ait écrit ainsi, *lisez*, d'Ammon.

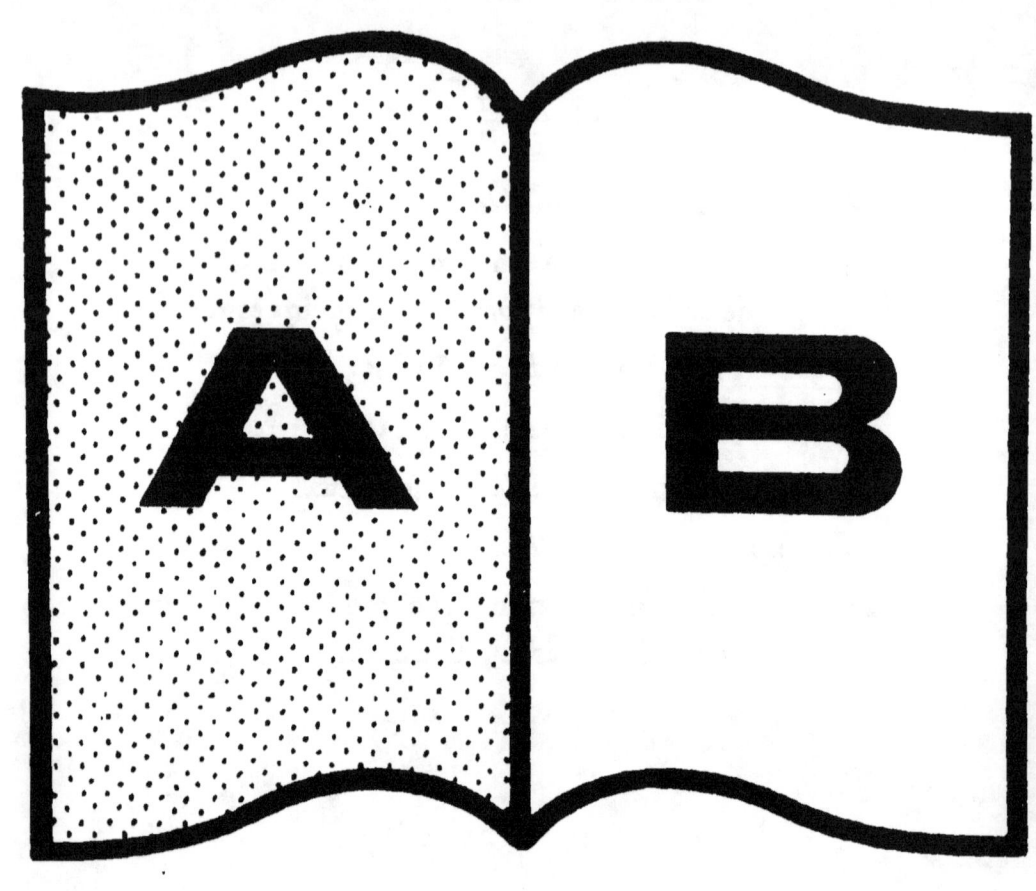

Contraste insuffisant

NF Z 43-120-14

www.ingramcontent.com/pod-product-compliance
Lightning Source LLC
Chambersburg PA
CBHW071858020726
47502CB00003B/805